大展好書 好書大展

大展好書 好書大展

社會人智囊

29

如何在公司頭角崢嶸

佐佐木正／著
柯 素 娥／譯

大展出版社有限公司

序言

二十二、三歲進公司，從此以後便過著將近人生的四十年，在這個場所度過大半生，這便是公司。在這個公司裡，薪水階級的上班族重複著一天、一星期、一個月、一年及人生大部份的時間。以新人之姿進了公司，被分派到某一個部門、單位，有時也許會職務異動、面臨考驗、地位提升，或者被貶謫、被降級、被強迫擔任櫃檯接待的工作等等，常會遭遇到前途上的痛苦境遇，品嚐艱辛、憂愁的滋味。

對一個上班族而言，所謂的公司，是如真正實物中「大富翁遊戲」的遊戲盤般的東西。

為了要在這個遊戲之中連續獲勝、永保不敗，首先第一件事便必須瞭解「何謂公司？」如果愈是精通於其架構、體制，對因此架構、體制而產生之各種情況的應付方法，以及人際關係的種種，那麼，勝利的機率便愈高。即使能力再怎麼遜色，比不上其他人，一旦精通了這些問題，仍可挽回頹勢，彌補缺點。反過來說，無論能力如何出色，一旦對有關公司的事情非常漫不經心，一副蠻不在乎的樣子，則很有可能在無意之間落後於人，被社會所淘汰。

「只是對工作傾力而為，竭盡所能，並不能保證出人頭地，有所成就。」——這便是公司。

那麼，接著來介紹一下作為一個上班族，在公司度過大半人生的你們，務必知道的事情，希望讓你們瞭解。

在此所敘述的，全都是我長年在公司裡過著上班族生涯期間所見所聞，並留心注意自己絕不可忘記的事情。環繞我公司的環境，雖在我剛進公司時與眼前一直有極大的變化，但在其底層下暗潮洶湧之「公司的思想」，卻並未有太大的變化。

即使表面上似乎有所變化，一旦我發覺實際上並無變化，就會蒙受很大的傷害。

因此，在此時我曾說過的「顯然改變了！」這句話，正如前面所說的，是表示「雖看起來似乎改變了，但這只不過是公司的原則、方針而已，整個公司的意識型態並未改變。」意味著表面上及實際上有所出入。

就公司的業種、規模而言，有時或許有人認為：「這和自己沒有關係。」有諸如此類的想法並不稀奇。然而，儘管如此，還是希望請各位大致過目一遍。在你們的公司裡，即使並非如此情形，那也是因為有時公司的客户恰好適用慣例吧?!

對上班族而言，掉以輕心是一大禁忌，千萬別以為自己歪打正著地保住客户就疏失大意！

◆擁有情報者即是勝利者

在本書中，敘述了什麼內容?它是在畢業季節，以新人之姿開開心心地加入社會人行列的諸君，以及進公司經過了一～二年，卻一直看不清公司什麼地方令人滿意的新手職員爲對象，而寫成的經驗談。

再者，如果明年以後可以承蒙即將成為社會的大學生加以活用，作為「未雨綢繆」的工具書，那我就非常高興。

正文中也敘述了一點：憑藉著知道別人所不知道至何種程度，對事物的應付處理方法也突然改變。這種改變，會產生餘裕、彈性，而此餘裕會產生成功。其中雖也有些事情是若「先知道會更好」，而令人遺憾、後悔。所以，如果事前能知道，正可以有所心理準備，覺悟到即將發生的情況。

今後你們大概會有各種事情蜂擁而來吧。但願你們能以有餘裕、懂得變通的態度去應對這些情況。並且，請極力爭取勝利成功。辦公室生涯並非人生的本身，並非人生的全部，而是佔其中的大半而已，為了不浪費如此貴重的時間，請竭盡全力加油，希望你們拼命奮鬥！

目錄

第四章　描繪計算過風險的生涯規劃圖

第一章

瞭解公司的真正意義及方針

1 公司的結構

公司是以組成的形式運作著，因此，個人不可能跳到這個部、跳到那個課地常常隨便調動職務。今後，你們會被貼上標籤識別化，每個人都會成為「○○部××課的某某人」。

◆終歸要成為大的齒輪

身為組織一份子的你們，今後必須遵循「公司的方針」去工作才行。公司有時或許不得不將黑的說成白的，你們大概覺得：「真是討厭的感覺。」是吧?!

然而，希望你們仔細想一想，公司是什麼樣的地方?再一次思考這個問題吧!是的，公司總是追求利益，各位藉由貢獻於獲得此一利益而領受薪資。因此，公司宣告為了提高利益而訂的方針，職員則遵循這些方針而行動。雖常有人說：「不希望變成公司的齒輪。」但因為嚴格說起來，進入公司在廣義上即是作為齒輪而活動，所以如果厭惡身為齒輪的辛勞，那麼，就只能放棄在公司上班的念頭，不如早點死了心另謀發展。

公司經常要求職員擔任齒輪的角色，各司其職地運作著。藉由如此，事業才能順利圓滿地推展，利益才會增加，薪資才能支付，所以這個要求是理所當然的。對這個要求，你們並不是勉強地說：「多麼討厭當齒輪！」而是要認為：「我要成為大而重要的齒輪，帶動公司！」即可。這種思考方式相當積極進取，且合乎道理。你們應該以身為公司的齒輪為榮。

◆培養觀察組織全體的眼光

那麼，在此來談談公司組織的問題。分配為○○部××課之一員的你，有必要非常瞭解公司組織的構成內容。

因為，愈是能熟知其內容，便愈能成為自己的一大武器。這些內容是各位的「根據地」，是各位的「特權」。

公司的組織圖雖配合業種、規模而改變，但關於幹部的部分，可以視為大略相同。舉例而言，人事部、企劃部、總務部、業務部、管理部、事物部、稽核部、秘書部等等，如果是上市企業等級，按理說任何公司都有。倘若換作中小企業，則人事部、事務部、秘書部等部門也許會概括成為一個總務部，或是被歸納成為企劃部及業務部，以便統一管理。各位不必那麼佩服地說：「不愧是大企業，組織化一直在進展，愈來愈有制度。」用不著羨慕大企業到那種程度，而貶低自己的公司。相反地，規模愈大的公司，就愈無法看透全體。儘管是分店或分公司，也會有宛如別的組織一般的感覺，簡直像是別家企業的分店或分公司。結果，有時眼光只朝向自己的周圍，而不往大環境看。

然而，你不可以變得如此。請想一想！自己或許會在某一天、某個時候異動職務，調到某一個場所、部門。到了那個時候，再說「到那個部門要做什麼樣的工作？」之類的話，已經為時已晚矣。

請各位經常在整體大環境之中，作思考「那個部門被定位在什麼地方？有何功能？有何發展？」的訓練，試試看得到什麼心得、結論。藉由如此的態度去觀察公司，便可以很快地開始察知公司的動態、趨向，進而可以比別人更前進一步，走在領先的位置。

●公司組織圖的例子●

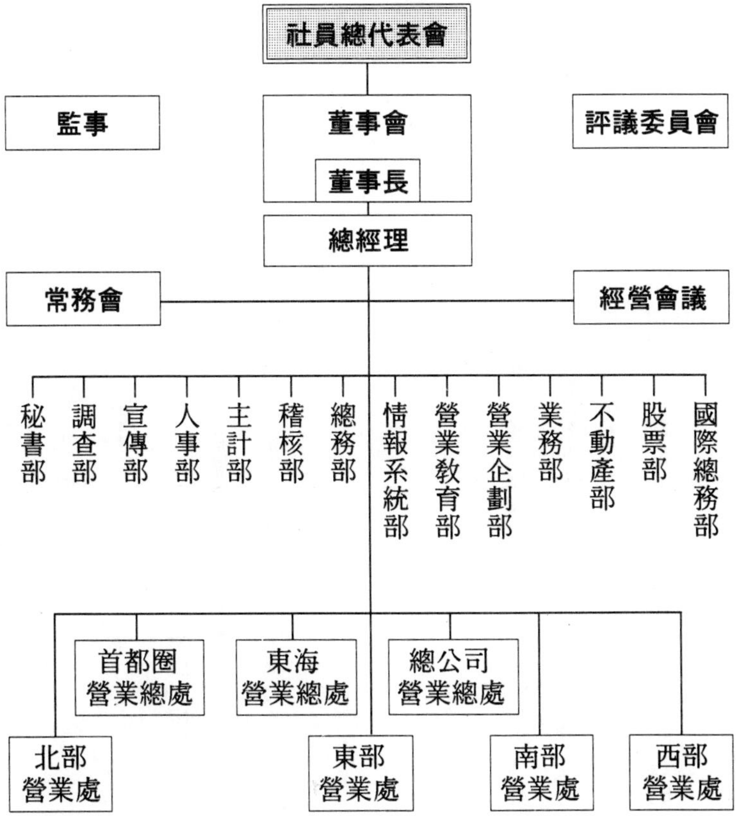
社員總代表會
監事
董事會
董事長
評議委員會
總經理
常務會
經營會議
秘書部
調查部
宣傳部
人事部
主計部
稽核部
總務部
情報系統部
營業教育部
營業企劃部
業務部
不動產部
股票部
國際總務部
首都圈營業總處
東海營業總處
總公司營業總處
北部營業處
東部營業處
南部營業處
西部營業處

2 上班族的一天

因各家公司而異的上班時間，一般而言，從早上九點到下午五點已成為公司職員正規的上班時間。並且，一星期有五天（或者六天），從九點到五點在公司渡過，是公司賦予職員的第一項義務。

◆觀察上班族的一天

當然，雖說是在公司渡過，但並不僅僅是待在那裡就行了。身為薪水階級的你們，還應該在上班時間之內完成被賦予的工作，而且這些交付給你們的工作，被要求儘可能地早早終結。

那麼，前輩職員們是如何渡過上班時間呢？我先來介紹內勤職員的一般性例子。

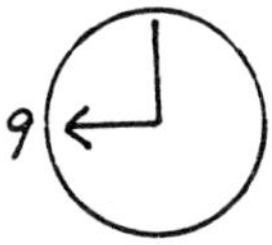

九點——從九點以前工作就開始了

「從九點開始」，不可以解釋為「只要九點以前到公司就可以吧！」如果是大學的課堂授課等場合，教授或講師或許會剛好九點正來到教室。因此，就算學生剛好九點抵達，勉勉強強趕上上課，大概也不會產生什麼大不了的問題。

然而，一成為公司職員就不可以這樣了。只是一到了九點，就是立刻認真工作一決勝負的開始。在這樣的時候，如想要蠻不在乎地上班，那麼即使被數落了什麼不對，也不會想去辯解。早上早一點去上班，是上班族的鐵則。尤其是新進職員，絕對不可以忘了這一點。

雖然如此，並不是命令你們「早一個小時或二小時去公司」，只要提早十五分鐘即可，所以請早一點出門。並且，要早一點就位，看看報紙、展開前一天所剩下的工作，讓後面陸續抵達的上司或前輩看見，自己的確一大早就來了，且正在工作的情形。我並不是說：「特別撒謊、欺騙，敷衍上司！」希望你們記住一點：要注重形象！

你們大概連想都未想過這是怎麼一回事吧！什麼是形象呢？無論是誰，對比九點開始才陸續來上班的新人、新手更提前到，老早就來上班著手進行工作的人，會抱持良好的印象，而別人的印象正是自己的形象。這種形象的好壞，是不斷地累積的結果。

如果要追加補強這個印象點，那麼，後面的上司或前輩一進公司來，就請別忘了起立，並以精神抖擻的年輕人模樣打招呼：「早安！」

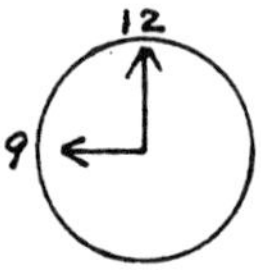

從九點到十二點——工作最有進展的時間

整個上午的上班時間。以內勤職員的情形來說，也有公司在十一點左右插入約五分鐘的休息時間。這樣的時間，可以喝個咖啡、泡個茶，趁機放鬆身體、伸伸懶腰等等，則直到十二點為止的剩餘時間，便可一心不亂，全神貫注地工作。

還有，以新進職員的情形來說，座位附近的電話一響起，就應該立刻伸手去接。不可以讓前輩去接。另外，若接了電話，就應該精神飽滿地應對：「早安！」「每次都承您幫助。」「謝謝您的照顧！」如此一來，即可加深對方的印象，塑造個人、公司的形象。

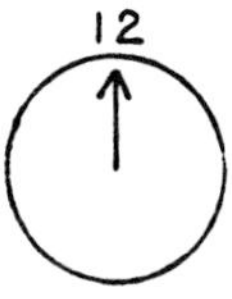

十二點——午休與同事共渡

午休時間。這段時間大家會去吃午餐，在此時請各位注意：最好絕對不要一個人去吃午餐。無論是到員工餐廳或到外面去吃，一定要與上司或同事等，儘可能與許多人一起去。

為什麼非要做這樣的事情不可？我認為會說「午餐之類的時間想要隨自己的喜好任意吃」的人，是外行、不上道的上班族。我來告訴各位理由吧！日本人的特性之中，具有「希望群聚」的傾向，到哪裡都喜歡一夥人湊在一起熱鬧烘烘的。根據一些看法，這種傾向被稱為「小羊集團」等等，而在此有很重要的一點值得注意：對上班族而言，當一匹孤僻不合群的狼，會妨礙到以後的出路、升遷。

因此，縱令是在想要自己一個人去吃飯的時候，也請勉為其難地與大家一起吃飯。

偶爾想要到銀行提款的時候，則一定要在傳達這個意思之後再去，或是一起吃完飯之後再稍微提早一點告退離席。

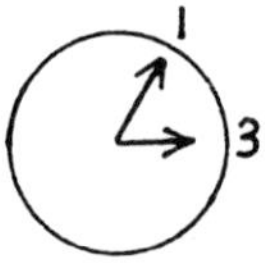

從一點到三點——一邊留心周遭一邊工作

大致上午休會從十二點到一點。然而，這段時間也與來上班的時間一樣，並不是等到最後一刻剛好坐上位子即可，要在約五分鐘之前抵達，剛好可以趕上一點開始的工作。

那麼，在此我想列舉工作中的注意事項。工作並不是僅僅只要坐在桌前，拼命地消化、處理即可。

而要經常到上司或前輩那兒去，談論關於目前正在進行之工作過程的話題，或是就不明白的地方與他們商量：「這件事該怎麼做才好？」徵詢他們的意見。

無論如何，工作並不是「只要做了就好！」一定要考量團隊工作，一邊留心周圍的人一邊工作。這對公司職員而言，是最重要的。

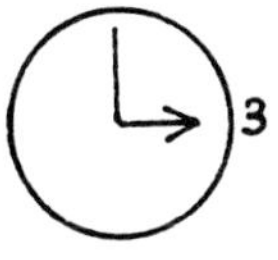

三點——輕鬆時間

休憩時間。這一段時間務必利用來輕鬆一下。因為，它是頭腦愈來愈疲倦的時間，又是容易出錯的時間。

除了有無論如何非得收拾善後不可的工作之外，這一段時間還是當作輕鬆時間，重視它一點比較好。上班族的身體即是資本，此時，不必勉強地裝出很好的樣子。

不管怎麼說，今後你們將渡過的，是可能長達三十五年至四十年持續不間斷的辦公室生涯。如果在什麼階段都不想要有喘息的時間，那麼就會立刻呼吸困難窒息而死。

另外，三點的休憩時間最好儘量一個人，或是與沒有心機的同事共渡，消磨難得的空暇。

倘若有屋頂，甚至也可以爬上屋頂，伸展筋骨、紓解鬆弛僵硬的肌肉、治療疾病，將休憩時間作為再次給自身貫注活力的時間，為下一階段時間養精蓄銳。

五點——觀察周遭的狀況再回家

雖是工作大體上結束的時間，但並不是馬上劈哩叭啦地結束，而要觀察周遭的人或上司的狀況，如果以為：「自己可以休息了。」那麼此時一定會想回家。像歐美人那樣，工作中間不管還有什麼事情，只要下班時間一到就飛也似地回家，迅速地停下工作。這樣的作風，日本並不習慣。希望各位能做到那種程度。

◆九點～五點的原則——被容許及不被容許的事

絕對不可以忘記的一件事，是上班族從九點到五點都受到公司的拘束。而且，因為各位領受被拘束時間部分的薪水，必須供給勞力作為其代價，所以在此段時以內，嚴禁作為私人用途辦私事。在無論如何都非得使用於私事上不可的時候，就務必向上司呈報。

舉例而言，雖牙齒很疼想去看醫生，但預約的時間只能訂在一點到二點之間的時候。在這樣的時候向上司提出申述：「已經訂好預約時間……」表明非去不可的理由，得到上司的許可。另外，辦私事部分的時間應該加班而沒有加班津貼。

今後，年輕的你們並不是自己為基準按自己的步調行事，而是多半依來自上司的指示或命令行事。

因此，雖一般認為怎麼也無法爭取到自己的時間，但有時也有必要找出空暇，抱持與周遭的人談笑或到上司那兒去閒聊的餘裕心情。因為上司經常在看著部屬的這些地方，所以請在自己所容許的範圍以內，讓上司看見自己有轉圜餘地的部分。

上班族的 1 天

對不起，先離開了！
哦！辛苦了

3 拒絕加班的方法

下班時間來臨之後，將工作告一段落回家，公司並不能如此輕易地混過去。有時候會工作得很晚、被委託緊急的工作等等，即使過了規定時間也非得留在公司不可，無法準時下班，這即是所謂的「加班」。

◆加班與上班族密不可分的關係

最近，到處都聽得到這個加班的話題。所謂的「別幹免費的加班」、「沒有加班津貼，白幹活了，生活好苦！」或「因為沒有加班而在家吃飯的爸爸們一直在增加」等等。這個話題之所以會如此地引起騷動，被喧騰一時，或許是因為上班族與加班之間有著切也切不斷的關係。

不過，加班原本就是在上班時間以外的勞動，並不是應該被強迫去做。大概甚至還有與女朋友訂了約會的時間卻必須加班的情形。因此，即使拒絕也無妨。但是，有時也會有拒絕不了的情形。這即是公司的工作型態，也是上班族的缺點。那麼，什麼樣的情形該加班，什麼樣的情形斷然說拒絕呢？

◆應該加班的三種情形

①趕不上交貨期時

基本上，上班族應先考量到一件事，那就是除了固定的工作量以外有時必須加班，工作量往往是超出固定範圍的。舉例而言，交貨期迫在眉睫，在此之前一旦無法完成產品，客戶就有停止交易的情形，是非得加班不可的。這一點你們大概也很瞭解吧。

這時候，雖以為會被上司指示：「加個班吧！」但即使不是如此，最好還是讓上司看見自己自動自發很願意加班的態度。這是當然非做不可的加班。

②唯獨自己工作進度落後時

被賦予工作，花費了許多時間卻做不完，「其他的同事老早就結束，偏偏我……」這樣的時候也不得不加班。不，如果讓我再說一句話，那麼我想說的是：不一定要留在公司加班。留在公司並不一定要做事，暗中帶回家去收拾殘局吧！因為，你沒有必要特意加班而讓上司看見，顯示相較於同事自己很差勁的樣子。

雖也有人說：「把工作帶回家，那樣的時代已落伍了。」但正如只要經驗過加班的人就很清楚的：自己的工作留下來，心情真的很惡劣。即使去玩，那件未完成的工作仍會一直縈迴在腦海深處，很無趣。既然是有如此的工作，即使帶回家去，也要切實地完成，這麼做絕對比較好。

③有幫忙周遭的人工作的餘裕時

儘管自己的工作全部結束了，但周遭的人工作還剩個尾巴未完成時，即使不被上司吩咐，只要時間上有餘裕，就應給予協助。

然而，這種情形有時會被視為服務性的加班，而得不到加班津貼。雖有人表示覺得如此並不妥當的意見，認為不領加班費太可笑，但以日本公司的情形而言，主動與不主動加班的區別很曖昧、模糊，各家公司不得不遵循慣例，用老規矩決定發放津貼與否，而職員也不得不入境隨俗，融入公司既有的加班文化。

不過，就算拿不到津貼，但因為如此的行動有人看在眼裡，所以完全沒有任何損失。或許，毋寧說這一類自願、主動加班的人，價值、功勞比較大。

◆可以不加班的三種情形

①訂了約會時。

②父母生病時。

③要上夜間的專門學校時。

如上所述，有明確的理由以致自己無法加班的時候，就沒有必要加班。向上司清楚地稟告理由，然後回家也無妨。

然而，除了做公司的工作以外，有時也總不能以自己的方便為優先考慮，難以顧及個人的情形。因此，拒絕時需要再三注意幾點：①約會等事情或許很難以啟齒明確地說：「我有約會……」這樣的時候，一定要搬出更令人同情的理由加以拒絕。舉例而言：「大學時代讀書會的夥伴們要圍繞著老師報告近況，所以……」等等，如果成功地拒絕了加班，那就大致沒有問題了。

另外，也有可以明確地拒絕加班的情形。那就是突然被上司吩咐加班的時候。譬如像這樣的情形，毫無心理準備的情形下被命令：「山本先生，無論如何請今天之內非得做完不可。拜託一次囉！」若果沒有要事則只要接受上司的要求即可，但有約會時，仍可以拒絕說：「因某某理由有約會……，您突然吩咐，極令我手足無措，不知如何是好，很抱歉我不能加班。」不過，此時的鐵則是一定要顯出似乎很過意不去的神色。以彆扭、嘔氣之類的態度拒絕，是拙劣的拒絕方法。

高明拒絕加班的方法

一、難以說明理由時，搬出更令人同情的理由加以拒絕。
二、表現出似乎覺得很過意不去的模樣，陳述其理由。

在公司裡，縱令有正當的理由，也並不是坦率直接地拒絕就可以。雖說撒個謊也很方便，但無論是什麼樣的對象，既然被拒絕加班，都會希望瞭解其理由。

◆巡視加班的上司其真正心意與原則

無論如何，有事情時你可以明確地拒絕加班，不過，因為基本上日本人是溫和而有人情味的人種，所以，縱令有事情，大概也必須採取極力聽從上司指示的態度。

身為上班族的我們，有時上司會經常聚集在一起批評部屬。譬如「那個傢伙工作幹得不錯！」「那個傢伙不行。」「勉強還算可以。」等等，交換諸如此類的意見。而此時一定會出現的是：「那個傢伙突然受命加班會擺出厭惡的臉色，所以還是別找他哩。」或是「那個傢伙是個令人感佩的傢伙喲，即使突然吩咐他加班也幾乎從不拒絕。他大概有預定的約會或早約好了去玩，真是了不起呀！」

若從上司的眼光來看，則對命令加班時能答應給上司做事，或是未命令加班卻偏偏做到很晚的部屬，絕對不會懷有不悅的情緒，應是大表感謝才是。這一點，你們大概也曾有過切身體驗，相當瞭解吧。

主動地表示願意為你們做自己希望別人幫忙的朋友，在你們之間也應該有「老好人」的風評才是。

日本人的基本性做事態度在於勤勉。雖似乎有點老生常談，但在此希望你們別忘了：你們的上司是在要求「勤勉」的年代生長的，觀念自然改不了。上司口中雖說「加班不應該」。但這是原則問題，與他內心真正意思有所差異，這一點也先謹記在心中。

在美國等國，如果一到了下班時間，縱使再怎麼重要也要結束工作回家，雖一般人的想法都是如此，但事實上一聽去過美國回來的夥伴說法，就不盡然如此了，他們一定會說，菁英階層的上班族，都是從早上八點一直工作到晚上十一點左右為止。不過，這種工作性質並沒有加班的感覺，而是「因為非做不可所以才做」的無奈心情。

最近一般人雖似乎認為稍微一被誤解就不工作是正確的，而拼了老命的幹法是錯誤的，但實際這是錯誤的觀念。

儘管一方面呼籲、訴求勞動時間的縮短，但另一方面，應該加班的時候仍非做不可，不得不硬著頭皮、勉為其難地幹下去——這便是所謂的職業上班族，領人薪水者也必須遵守職業道德，無可奈何啊！

拒絕加班的方法

4 遲到的罪與罰

學生時代與公司生涯的差異之一，是「上班族起得早」。若一成為社會人士，每天要睡到日上三竿就是夢想，永遠不可能實現。而遲到更是不被允許的罪過，除非有正當的理由。

◆因突發事件而遲到時的處置法

如果眼看著即將遲到，就一定要打電話——這樣的事情，不僅僅是公司職員，也是與人來往應酬的初步入門守則。只要早一點實行此一守則即可。

那麼，處於無法打電話的情況時，該怎麼辦？比方說，電車停駛被關閉在電車裡啦，被捲入塞車的大漩渦裡，連電話也是很不容易找到啦。這樣的情形也是迫不得已、莫可奈何，但是，此時應該儘早與公司連絡。即使有什麼樣的意外狀況，也唯有一點非得避免不可，那就是直到抵達公司為止都未與公司連絡。

縱令已到了公司的附近，無論如何打個電話與公司連絡說：「我因如此這般……的理由就要遲到了。大約×分鐘左右會到。」

另外，應該報告說：「我將會遲到×分鐘左右。」而不是說：「我會遲到×分鐘。」譬如一旦奔馳於高速公路，有時路上作出明確的表示：「你將花費×分鐘左右抵達××。」因新幹線遇雪受阻等原因而遲到時，列車也會在車內廣播：「一直依照這樣的狀況行進的話，預定×點左右抵達××站。」

總而言之，並不是向公司說：「遲到了，對不起！」就沒事了。在公司也與此相同，如果眼看著即將遲到了，那麼就應該與公司連絡：「遲到了，但×點左右會到。」

◆抵達公司之後的行動

其次，已遲到了，那麼抵達公司之後該怎麼辦？此時應注意事項，就是絕對不可以沈默不語地就位，一聲不吭就大模大樣地坐在位子上。或許有人會認為，已經向上司報告過了，所以不要緊的，但唯獨如此是不行的。一定要向上司報告：「對不起，實在很抱歉。因××的理由而遲到了。」再者，對前輩或同事也有必要點頭致意等等，採取似乎很過意不去的態度，令人覺得你很內咎的樣子。

在此，一將遲到的時候公司職員的行動歸納整理一番，就得到如此的結果：

一、無論如何要打電話連絡，傳達抵達公司的時間。
二、一抵達公司，就再度向上司報告、道歉。

然而，不管怎麽說，遲到是非常不妙的事情。舉例而言，假定「新聞站」的主持人久米宏先生遲了五分鐘才到，那麽節目會變得如何？再者，舞台上的主演演員遲到的話，恐怕就無法揭幕開演了。

或許你會認為：「我和久米先生、演員又不一樣。」的確，以上班族的情形來說，即使一、二人個人遲到了，看起來取代任務的人似乎仍要多少有多少，有許多人可以替別人行使職權。

然而，並不是如此。在上班族的世界，也是每一個人各有角色分配，分擔一部份任務，是無法互相替換的。隨時有代替某個遲到的人之工作量的人，不但沒有這麼美好的事情，別想得太天真，而且也沒有人有餘裕去代替別人為其做事。公司是個實行流程作業的職場，一旦因一個人的緣故影響全體，整個工作就會中止，無法前進。

因為這樣的情形也有可能發生，所以請經常謹記一件事，時時注意「遲到對上班族而言將會是多麼重大的錯誤」，小心避免犯此一錯誤。

◆莫忘未雨綢繆

儘管如此，仍有不可抗力的情形。鬧鐘忘了按啦，電池用完了不會響啦，這些情形都可能發生。不過，這些都是人為的錯誤。因此，鬧鐘至少要先準備二個，或者為了慎重起見，準備三個左右（沒有任何人給你叫醒起床的時候），希望你們作萬全的考慮，為了從不因自己的關係而遲到先預作準備，以免真的遲到。

另外，遲到如果是因為己成為慣例的交通狀況，那麼，無論如何都應該留心提早出門。即使辯解說：「其實是因為巴士慢來才遲到了……」嚴苛的上司，恐怕還是會叱責你們說：「混蛋！對這樣的事情應該有某種程度的預測，提早出門才是。」

◆嚴禁遲到是上班族的宿命

我所敍述的「十五分鐘之前一定要到公司」，雖已經幫各位完成預防遲到的任務。但別忘了「遲到是大罪」這一點！你們應該事先養成一定有餘裕、一定提早出門的習慣。

有時大概可能前一晚飲酒過度、睡過頭吧。我非常瞭解偶爾喝喝酒、盡情狂歡的那種心情，但雖說如此，遲到了還是不能辯解，我認為這是上班族的宿命，只有請你看開一點了。

再次重複一遍。遲到要極力避免！萬一不小心遲到了的時候，一定要與公司連絡，而且，之後一趕到公司還要向上司報告，這是公司職員的義務。

遲到了該怎麼辦？

5 請帶薪休假的巧妙方法

帶薪休假是被賦予公司職員的最高權利。雖是權利，但坦白說，各位最好認為：帶薪休假是無法完全消化掉的。在這方面我也有一些真心話及原則要說。

◆帶薪休假也有請假的方法

「好像請不到帶薪休假，怎麼辦？」

「那是天經地義的權利，怎麼會請不到？」

的確，休假是上班族的權利，然而，這不過是一種原則而已，並非硬性的規定。事實上，日本的社會仍然殘留著難以請到帶薪休假的氣氛。雖說如此，帶薪休假仍是公司職員的權利。因此，如果想要請假，那麼乾脆俐落地請假並無妨，最怕的是想請假卻不敢開口。總而言之，只要確實地遵循行使權利的手續就行了。

舉例而言，想要在星期六、日周末假前後的星期五及星期一請帶薪休假，作一趟小旅行時，向上司顯示你的強硬態度很不恰當，譬如向上司說：「因為我還有帶薪休假，請讓我休假。」這麼直接地表示心意雖很好，但卻不合適。請逐漸去瞭解態度上有如此細微的差別，注意自己的態度。也就是說，因為帶薪休假是理所當然的權利，所以不表示想要休假的態度也是理所當然的權利，但是，還是應該以「請讓我休假」的恭敬態度去請假，消化掉應有的假期。

因此，請假的說法並不是大搖大擺地說：「課長，我有帶薪休假，我要休假！」而是以柔和的感覺表明態度說：「雖然有一點抱歉，但是請讓我請帶薪休假。」因為即使在內心裏想著「請休假是理所當然的權利」也無所謂，所以表面上還是要先掩飾過去，偽裝請假很說不過去的樣子，並不是在爭取自己的權利。總而言之，不要讓上司看出你的心思，這才是請帶薪休假的巧妙方法。

不過，如果上司是個年輕的主管並開口說了：「你還有帶薪休假，去休假吧！」那就可以堂而皇之地休假。相反地，倘若上司是上了年紀的主管且說出：「帶薪休假這種假，除了生病以外都不要請！」這個時候，由於實在無計可施，因此要假裝似乎很過意不去的表情，逕自去休假。

雖說如此，仍不可忘了一件事：年輕的主管也有真心話及原則。因為，如果各位都拼命地請帶薪休假，沒有一個人在公司，那就做不了事情，工作全都擱置了，所以最好適當地考量一番。正如被上司所訓示的，一旦大家都拼命地請帶薪休假，就不會被評價為「好職員」，別忘了這一點！

◆累積帶薪休假

我想各位已經知道的是，所謂的帶薪休假，各家企業基本上都是每年有二十天（有時進公司第一～二年都很少）。而且，雖通常可以累積三年（六十天份）一次休完，但一旦一年又一年轉入下一年，累積了超過三年的假期，就會變成不斷地消失的結果。也就是說，即使一直不去消化休假而放棄請假，只要過了三年，假期就會自動地消失。因此，雖然許多人說「不用掉休假是一種損失」，但仍有必要在某種程度上「儲存」帶薪休假，好好地利用長假休息一番。

至於說到這是為什麼？這只要試著想一想「如果用完了帶薪休假之後，萬一生病了……」即可。如果你認為自己很年輕所以不會生大病，那麼可以想一想遭遇交通事故而不得不休息二個月的時候。

此時如果還剩下帶薪休假，那麼接下來就可以消化這些假期。而且，一旦被當作因病缺勤處理就會影響到獎金、紅利，因為公司的制度往往是依據「一天多少薪資」而刪減獎金、紅利，請假一天就得扣一天的錢，這一點任何一家公司都是一樣的。雖一般人不太明瞭，但這樣的薪資給付制度已然形成。

不可以不考量獎金、利紅。若看看公司的薪資給付制度，則以獎金、紅利佔一整年薪資的三成～四成左右的情形居多，這是不能小看的一筆數目。因此，不能忘了事先防備不測的事態，「儲蓄」帶薪休假，在生病、遭遇事故時「提取」，而不影響獎金、紅利的多寡。

請帶薪休假的巧妙方法

一、提出要求時，必須徹底地擺低姿態。
二、應該預先儲存假期，以防備意想不到的事態。

6 人事考核要看這些地方

在一個公司裡的升遷，是依據人事考核的評價，價值高低關係重大。人事考核上為了多面地觀察每一個職員，都會製作各種能力評價的指標，供作參考。首先，我想來解說一下，具體上可以看職員哪一點？

◆沒有十全十美的人

首先請看下面的⑴、⑵項。關於這些方面所列舉的項目，總計正負分，如果取得八十分左右，就是最高的評價了。

⑴關於業務適性的問題

①營業上的業務能力……活動力、說服力、社交手腕、自律性。

②事務上的業務能力……縝密性、迅速性、耐力度。
③折衝、協調上的業務能力……說服力、應變力、自律性、社交手腕。
④算數上的業務能力……分析力、洞察力、邏輯上的思考力。
⑤企劃上的業務能力……問題意識、分析力、綜合力、邏輯上的思考力。
⑥調查、開發上的業務能力……獨創性、創意、研究心。
⑦指導、統御領導上的業務能力……領導力、包容力、統御力。

(2)本人的類型

有企圖心型　無氣力型　親切奉獻型　理論家型　豪放磊落型
老實努力型　指導統率性　獨斷專行型　利己獨善型　批評評論型
實踐家型　單獨執行型　協調折衝型　乖僻古怪型

另外，當將來就任更上一層的職位（股長、課長）時，在執行完成職務上是否有「不會不安」、「能相當期待此人」等適性，也是從進公司起就可以約看出來。

還有，關於性格的問題，可以查看如下的項目：

①是否機靈伶俐？
②是否開朗、快活？
③自制心是否強烈？
④是否拘泥於小事？
⑤交際手腕高明或笨拙？
⑥動作是否活潑？
⑦行動是否慎重？
⑧有沒有深入思考事物的傾向？
⑨是否為凡事皆通情達理的人？
⑩喜歡或討厭在衆人面前說話？
⑪喜歡或討厭引人矚目、成為焦點？
⑫可以產生有彈性的想法嗎？缺乏通融性嗎？
⑬凡事都可以耐性十足、毅力堅強地處理嗎？有厭煩、倦膩的傾向嗎？

其他方面，還有「喜歡或討厭喝酒」、「喜歡或討厭女人」、「家庭是否穩定」、「對上司（公司）有沒有要求特權？」等等，都蠻值得一看。

◆要提高評價就得強調長處

當然，一切都得到滿分是不可能的。然而，一旦看清楚這一點，終究仍會出現兩種不同的情形：明瞭人的極限而做事，以及全然不相信不能得到滿分、做到完美的境界，且一直保持一種「傻勁」般的自然態度做事。兩種態度的結果大不相同。

你們現在儘管明瞭人的能力有限，但將它作為參考，心中有所警惕即可，一旦顯示出自己不擅長的部分，不斷地採取能讓上司知道你們擅長部分的舉動，大概就沒有問題了。

假使公司有一百名職員，其中特別優秀被列入「極佳」或「特優」的職員為五人左右，「優秀」的職員有十人左右，「優」的職員有十五人，「還算不錯」或「尚可」的職員有二十人，「普通」的職員有三十人左右，「稍稍落後」者有十五人，「不堪任用」者約五人左右。實際上的比例分配是如何的情形。

7 升遷考驗是在第五年決定勝負

通過進公司的考試，想盡辦法終於能進入大企業了；「到這裡已經與考試告別了」。這麼想的你，未免太過於天真。即使進入公司，考試還是存在著，試驗每一天都有，這便是升遷的考驗。

◆營業是以銷售實績作比較分出高下

升遷試驗並非指升級考試而言，兩者仍有所不同。前者是評量生活的試驗，不過，根據業種或職種的不同，或是視每家公司的情況而定，有時根本沒有所謂的升遷考驗。

正確地說，並不是「沒有」考驗，而是因為這種考驗就像每天都要舉行的考試測驗一樣，所以沒有必要特意找時間考試。舉例而言，營業相關工作即是永無止境的試驗。營業的世界是數字所堆砌的世界。每天都是試驗，每星期都是試驗，每個月都是試驗。

以人壽保險的業務而言，每月都必須訂下數件或數千萬的契約才行。一旦達不到這條界線，薪水就會不斷地起起落落，沒有固定。憑著三個月或半年的實際業績，就決定了下一個三個月或半年份的薪水。

還有，成績若不佳就降級，也有可能被分配到更為嚴酷的職位，實在是殘酷的世界。

另外，也有業種即使你並非以營業員的名義進公司，而是正式地以職員的名義進公司，但仍分配你去擔任業務的工作。這種情形，業績也成為升遷考驗的比較依據，分出高下。

比方說，藥品公司的產品推銷員（請醫師或藥局買自己公司藥品的工作，以巡迴銷售為主）等等，是根據業績而評定一個業務員的價值。業績若頗佳，便可通過升遷試驗，被視為合格的業務員，而職位也不斷地提高。或者，增加了經銷店啦，增加了特約店啦，經常受到顧客的讚許啦，都是評價的依據。相反地，顧客的抱怨、不滿很多啦，就連這樣的事情也考驗著業務員。每天都是考試、測驗。

◆事務系的工作由第五年的試驗決定勝負

其次，一般事務系的升遷考驗，第一個「跨欄欄架」是在進公司後第五年舉行的「主任升遷考驗」。以大企業的情形而言，雖全都是如此，但第一～第四年為止還不太分不出差異，第一次開始分出差異高下，是在第四年終了時所實施的主任升遷試驗。

主管以全體業務為主要內容提出問題，一旦拿不到七十分以上，即使上司確實給予多麼良好評分，人事部分不會答應升遷進級。要取得汽車駕照的時候，即使實際技術通過考驗，但若因筆試而未考上駕照，那就與不能合格一樣。

因為考驗問題的詳細內容因各業種而異，所以不能一概而論，主考官會就管理的工作、營業的工作、商品的知識、總務的工作，範圍廣泛地出題。由於這種考驗完全不表示參加大學考試的意思，因此，只要認真地掌握每天的工作，熟練自如，大致上都會通過試驗。在準備了模擬問題集的公司，做這些題目或許是一項應付考驗的對策。

然而，遵循著由股長、課長、主任、經理一路晉級升上去的原則，受試者會逐漸地被考驗專門的知識。因此，每天不怠忽讀書、研究，比什麼都來得重要。

◆面試的對策應該在事前取得情報

升遷考驗並不僅僅在筆試時實施，還有面試這一關。有三位主考官，對每一位受試者進行十分鐘左右的質問。質問的內容，從業務知識到人生觀、興趣，涉及多種多樣範圍，十分廣泛。

三位主考官一邊聆聽應答，一邊確認檢核要給予A、B、C、D、E的等級。雖只要能讓主考官打上A、B、C的等級即可，但一旦變成三人的總分是D、E（E是相當嚴重的情形）的等級，考試就不會通過。因此，事前應該仔細地問一問前輩，在面試時會被問到什麼樣的問題，什麼樣的態度比較好等等，先有心理準備，面試時會更有自信、更有把握。

8 配屬部門的希望與現實

會被分派到哪一部門?是不是難以如願以償?這不但是新進職員所擔心的，也是其他資深職員所擔心的問題。然而，提心吊膽了許久卻如願以償地被分派到想去的部門，在退休之前恐怕連十次都不到吧。

◆任何人都對配屬有所不滿

即使是再怎麽能幹的人，也完全不能自己隨心所欲地選擇配屬處。再者，縱令按照希望被分派到某一部門，也一定會產生某些不滿。因此，我認為任何人都有關於配屬的部門的不滿，即使無法如願以償，也最好絕對不要認為：「怎麽唯獨自己被分派、轉調到奇怪的地方，別人都待在好部門?真不公平。」而且，即使認為被分派的地方並非本意，有點不情願赴任，但說出「那樣的地方真討厭！」的任性話語，在公司生涯裡是不被容許的。就算姑且被容許了，在人事考核上也會被打上三個大×，定上罪名，老實說，這麼一來就從升遷競逐之中出局，永無翻身之日。

為了克服此一狀況，最要緊的是圖謀觀念、想法的轉換。上班族大多數會遭遇的情形，是非出自本願而就任自己認為頭痛的部門、從事討厭的工作。因此，就像「危機就是轉機」這句話一樣，希望你們遭遇如此的情形時，以正面的思考努力工作：「這應是被分派到好部門。好！就改正自己的缺點吧！」「就來理解、領會傷腦筋之部門的工作吧！」

並不是每一個人都會被放在一個部門，直到退休為止。大企業的情形而言，大致以三年為一周期循環輪調職務，因此，為了克服這三年間自己不擅長的部分，希望你們認為這是一段被賜予的期間，以積極前進的態度應對。

◆將被分派到頭痛的部門視為被期待的表徵

公司也的確有意培養一個真正優秀的人時，為了讓那個人克服自己所擁有的棘手、麻煩的部分，有時會刻意地分派至令其頭痛、困擾的單位。因此，即使心想著：「自己為何會派到這樣的地方？」其背後仍有深遠的意義。再者，正因為上司一向深為期待，所以才有這樣的事情。相反地，待在這樣非心甘情願的地方，也可以觀察你們是否不意志消沈？如何面對問題？有多麼努力？

這麼一來，別忘了你們正被觀察著，應該徹底地採取積極進取的態度勇往直前，做好工作才是。也有職員絲毫不在乎這樣的事情，拼命地抱怨，叨唸個不停，或是鬧彆扭、嘔氣，成為無用之人。

另外，有時做了令人不滿意、像樣的事情，上司實在看不過去，才一年就帶到別的部門去。

雖也有喜孜孜地說：「才一年就被調出討厭的部門了。萬歲！終於離開那個地方！」但這樣的情形，大抵都應該在背後的人事考核上被劃上三個大×，列為「不堪任用」份子才是。

因此，這並不是高興的時候，毋寧說應該悲傷。因為，公司已作出「麻煩人物，拿他沒辦法」的評價，已經放棄了那個人，對其置之不理，任其自生自滅。

◆有實力的人無論如何的狀況都不服輸讓步

如果被分派的地方並非本意，不情願去，那麼請認為這是上天賦予自己的試煉，務必積極地努力，拼命加油。

我想從事賽車或賽馬的人就很瞭解一點：真正有實力的選手或馬匹，即使中途的狀況再怎麼惡劣，最後仍一定不斷地纏住對手，努力地趕過對手。與這種情形相同，優秀的職員無論被分派到哪一個地方，也不管到什麼地方都要高高興興地去，恰如其份地做事。因為，公司看了這種情形，就會讓你轉調到真正希望去的地方。世界上沒有讓你隨心所欲地做自己喜歡之事情的公司，請將這一點放在心上謹記著！

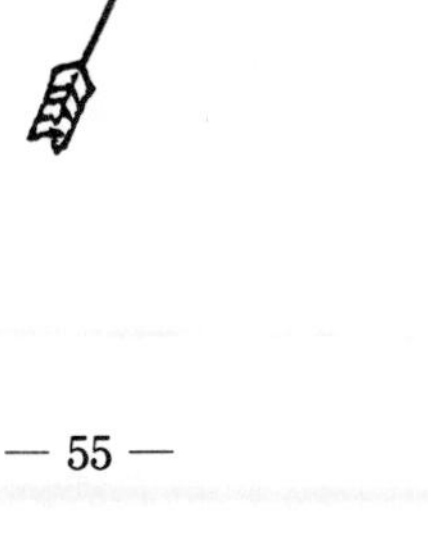

9 拒絕調職的困難

與分派部門一樣都令人擔心的是調職。被命令調職時，該怎麼辦？若由結論來說，則這是上班族的宿命，拒絕完全是不可能的。尤其是年輕的時候更是如此，公司經常會調動部門以磨練年輕職員。

◆公司讓人調職的理由

最近一般人都開始認為：「調職是可以拒絕的，不一定要乖乖地接受。」譬如「聽說要由單身的人赴任，而我有家累。」、「必須照料父母（祖父母）。」或「我不能離開家裡。」等等，可以因所謂的家庭狀況而說任性的話的時代，確實已經來臨了。

然而，正如前面說過的，公司是藉著組織的型態而運作者，所以畢竟還是希望對職員自由自在地驅動，能隨心所欲地使喚，完全掌握所有員工。而且，還有一些理由使公司必須經常調動職員。為了讓那個人發揮能力啦，為了防止個人主義啦，為了配合公司的狀況加強分店的營運啦……等等理由，看來似乎都很正當。這些理由的根本，是考量輪替制度，而讓職員調職。

因此，基本上一旦拒絕調職，即使表面上這個動作被認同了，實質上上司內心仍會將你降低一個等級的評價。

尤其是一旦拒絕二次、三次調職，幾乎都會被從升遷的跑道撤下，永遠退出競逐。因此，被調職時基本上不要作任何抱怨，發出不平之鳴，我認為應該一直遵從公司的要求。

◆拒絕調職便是拒絕當上班族

一聽到調職的事情，一定是悲喜交集。「若是那裡我倒是希望去。」「唯獨那個地方不想去，偏偏……」

像這樣因工作的內容或地域而或悲或喜。舉例而言，希望去美國的人，被命令調職到美國時便歡天喜地，或者，因突然被調職到東南亞而沮喪頹唐，也有正好相反的情形，有人非常不想去美國，而一聽到要調職到東南亞便興高采烈。

或者，不想去國外工作，想待在本店好好地做事，卻偏偏被轉派到地方的分店，這樣的事情經常發生。

這是無可奈何的事情。既然討厭頻頻被調職，那麼我想你只有辭去上班族的工作，打消當一個薪水階級的念頭。

如果拒絕上班族的宿命——調職，那只有自己獨立創業當老闆了。在擁有數萬人之多的公司裡，每年都會有數千人調職。由於交通費是由公司全額負擔，由此，必須花費五億圓或七億圓的金錢。即使花費這麼多金錢也要讓職員調職，其背後的意義，是表示為了排除個人主義、防範事故於未然（一旦長期待在銀行等同一個地方就會發生事故的人，不斷地出現）。實際上，在金融機關等地方，為了不讓職員從事與金錢有關的操作作業，有時，也會有調職的一週之前才發出通知的情形。

最近雖公會有一些爭議的問題，在調職問題上為會員爭取權益，但現在依然有上述的情況。

◆調職時期可以預測嗎？

調職有時是某一天突然完全預料未到卻通知降臨身上的，如果心想：「連那個傢伙也調職了，慢慢地就是我的天下了。風水輪流轉嘛！」那就大錯特錯了。有時你自己也會被命令調職。再者，心想著：「今年就會結束這裡的工作，換到另一個部門。」卻偏偏有時又在同一個部門待了一年，真是令人悲喜交集、哭笑不得。

希望調職時，在與上司吃飯、喝酒時只要試著非正式、半開玩笑地說：「我也愈來愈想要換一個新的單位呢！」看看情況如何，如此試探一下大概就沒有問題，可以知道下一步該如何做，有沒有希望調職。

絕對不可以直接公開地說：「請讓我調職。」在有關人事方面的問題上，最好不陳述、表達自己的意願，這一點是上班的鐵則。

無論如何，首先要高懸起觀測氣球，觀察風向、瞭解氣候。也就是說，要察言觀色，知道上司的意向。

10 何謂公司內的派系？

就像政治有派系一樣，公司也有派系。在派系之間，各種各樣的策略、手腕在進行著、較勁著，這些鬥爭一直關係著派系人員的利害。而且，在一個公司裡誰都不能沒有派系。

◆派系的構成

派系的成立有各種各樣的情形。雖多半情形是以好惡相同（投緣與否）或大學的學長、學弟（所謂的學閥）為出發點，形成一個小團體，但有時也會從最初的分派部門（人事部出身或營業企劃出身）不斷地形成小團體。或者，有時則以董事長派、副董事長派、戰後派等型態而不斷地形成人脈。

◆任何人都不習慣閉門造車

在公司裡，每一個人都不可能隸屬於某個派系。結果，任何人都會被劃歸到某個派系裡去。如果自己所待的派系成為主流派，就可以提升至相當地位，相反地，儘管擁有實力，但有時因為並非主流派，所以上司便不讓人晉升，永無出頭的一天。

派系在哪一家公司都有，與派系沒有關聯就要出人頭地、平步青雲，是非常困難的一件事。

◆歸屬於主流的方法

在政治的世界有一名詞是「保守主流」，而公司的派系也有主流及支流之分。再者，只要有大派系，就會有小派系。一旦隸屬於小派系，就像在政治的領域當不上總理大臣一樣，會在人事升遷落後、停滯。

那麼，要如何分辨派系的大小、主流及支流呢？這得參考風聲、傳聞。比方說，諸如此類的傳聞：「山本常務董事常提拔人，我們的A課長似乎是因他的提拔而受到上層的喜愛。山本常務董事其實是董事長派。」而像這樣的傳聞在公司內被暗中耳語著。於是，A課長被預測會因常務董事的提拔而往上爬升，步步高升。

如果他從此平步青雲、飛黃騰達，那麼即使並非那位課長心中所願意的事情，他的部屬仍會去靠近他，表示親暱地叫著：「課長、課長！」採取請求加入董事長派系之類的策略，而為了在公司生存下去，有時非得歸屬於某一派系不可。

從前人們所謂的「頭目與嘍嘍」、「首領與黨羽」的關係，成為公司等組織的派系理論。

◆見風轉舵的上班族

然而，一旦公司發佈命令，大家口耳相傳：「山本常務董事被撤換了。」那又將會如何？這個時候，想當然耳A課長也會脫離主流，被排除權力核心之外。如此一來，便不是永遠追隨課長的時候，部屬必須撇清關係，趕緊尋找下一個人脈才行。

在這個時候，如果傳出「B課長與董事長關係匪淺」之類的風聲，那麼，接下來就有必要採取不斷地接近B課長、拉攏關係的態度，也就是所謂的見風轉舵。

一提到見風轉舵，就可以回憶起來：日本前首相中曾根康弘便曾被這麼形容，被批評為「風向球」。儘管是政治家，像風向球那樣，飄移不定；或許的確是很不好的事情，即使被批評說缺乏一貫的理念，也是莫可奈何，難以為自己辯解。

不過，對一個薪水階級的上班族而言，毋寧說見風轉舵才是正確的生活方式、人生態度。就男人視為美學藝術的切腹行為方面而言，即使切腹成功完全滅亡了，也毫無意義。

為了保住一命，在現實的環境苟延殘喘至最後一刻為止，經常處於主流才是最重要的。聽起來雖有點不成道理、並不完全正確，但我希望，你們在認為「毫無道理」的時候，能學會轉換角度，試著改變一下想法，去接受種種事情。

如果你說：「在人情義理上不可以那麼現實，要我當風向球可辦不到！」那麼，在離開主流時也只好死心、絕望地放棄出人頭地的念頭，你選擇哪一個呢？

◆擁有實力的非主流派被踢開驅逐

年輕的你們或許會認為：「派系這種東西與我無關，我才不怕受到影響。如果有實力，大概就會有某人給予拔擢吧！」然而，這是大錯特錯的想法，毫無道理而不可救藥！因為，事實上有些人就算沒有實力，但只要攀附主流、追隨檯面上的人物仍可受到提拔。相反地，儘管有實力卻處於非主流的人，有時會被一腳踢開，排除於核心圈之外。

所謂的公司，即是如此的地方。

第二章

磨練表現自我的技術

1 上班族的穿衣哲學

近來的年輕上班族們變得非常愛漂亮，好打扮，在修飾外表上投下相當的資金。此一傾向雖大致上可以說很好，但似乎也有人經常有極大的誤解，以為注重外表即是跟著流行走。

◆「沒有個性的個性」是永遠的主題

上班族在服裝、髮型上企圖謀求與別人不同的獨特性，可以說是一大禁忌，但許多人都甘冒忌諱，一味地想標新立異、特立獨行。最近甚至還有穿綠色襯衫、將頭髮弄成茶褐色的人。他們本人雖或許有自我主張式的打算，企圖心旺盛，但想要憑藉著外表讓自己顯眼，引人矚目，在公司生涯上是非常不宜的，稍一不慎就會弄巧成拙。

事實上，這是非常重要的一點，還是小心為妙。

日本人或是上班族，無法像學生時代那樣隨興所至穿自己喜愛的服裝？不，儘管談不上無法隨心所欲地穿著，但如果亂穿一通，愛穿什麼就穿什麼，那就會被視為外行人、局外人，一定會被踢出職場。上班族畢竟仍有一定的穿衣哲學、嚴格的規則。姑且不論是否符合你們的興趣，藏青色的襯衫，就某種意義而言，是文科的上班族的制服。希望你們瞭解一點，基本原則從頭到尾都在於此。

知道這個原則之後，雖作若干的變化，似乎是被容許的，但這也應該全部歸納在公司的一般常識範圍內。

公司即使沒有特別就服裝方面作相關的章程規定，也是理所當然的事情，因為一切都是由上班族自律。希望你們謹記上班族的穿衣須知，就連作一點變化也不能超出一般常識的範圍。

聲稱「現在這樣的服裝實在不是好的裝扮」的你們，希望務必思考一番：裝扮上很惹人矚目，腦袋裡面卻空空如也，沒有內涵的傢伙，會被如何評價呢？那些顯眼裝扮的美妙程度，反而將空虛的程度加大、誇張，使「腦袋空空」的印象更為深刻，成為嚴重的負面印象。「虛有其表的傢伙」的評價怎麼令人難堪？或許連你們也清楚吧！

而且，所謂的大致還算能幹的職員，都是作正統的裝扮，從不作怪，譁衆取寵。

◆加深整潔印象的七項基本原則

①經常準備著三十條領帶，每天一定要更換樣式

電視新聞的主播，尤其是女性的播報員，每天都會不斷地改變服裝，以不同的面貌出現，否則，就會被視聽者批評為：「老是穿同樣的服裝。」可見新聞播報員是個相當麻煩的工作，必須在服裝上付出代價，投下大量資金，儘管是辦公室的上班族，基本原則仍相同。如果你從頭至尾都持續著同樣的裝扮，即使還不到被指摘的地步，但久而久之就會被視為：「那個人啊，總是同樣的裝扮呢！」

尤其是女職員，更是非常留心這些地方，因此，同樣的裝扮＝不整潔＝負面印象，這個公式便成立了，她們會費神在修飾外表上，經常改變裝扮，也希望男職員有所變化。

當然啦，就一個薪水微薄的人而言，是無法從上到下每天都不斷地更

換裝扮。因此，至少領帶要先備齊多份，以應付每日更換。為了可以作不同的變化，絕對不算昂貴的印花領帶等普通貨也無妨。而比起有所變化，首先更應備齊條數，愈多愈好。

②襯衫應該每天更換

被冠上「不整潔、邋遢」印象的另一個理由，是襯衫的污垢。骯髒的領口及骯髒的袖口實在很不恰當。因為穿免燙的襯衫也無所謂，所以每天一定要更換著穿。一旦穿了嶄新而極其畢挺的襯衫，連心情也會隨之煥然一新、一絲不苟起來。特別是年輕的你們，希望務必這麼做。

③頭髮應該去仔細地修剪

頭髮蓬亂零落，肩膀上掉落著頭皮屑，當然也有失面子，不夠資格做個上班族。如果心想著：「頭髮是不是稍微長了一些。」那就應養成儘可能仔細地修剪的習慣，去一趟美髮屋吧！況且，肩膀上的頭皮屑等污垢姑且不論，撇開這個問題，每隔一天要洗頭一次。

學生時代嚮往粗野、自由的風氣，且認為污垢很好看的人，雖或許大有人在，但公司並不是學校。這樣的傢伙不被視為對象，況且，說起來骯髒也有其限度，不能過於離譜。

④鞋子應該事先擦得亮晶晶

這是天經地義的事情，沾滿灰塵、變白、指尖處已開口翹起等不雅的鞋子，很不成體統。尤其是倘若開始因業務的關係而在外四處奔波，那麼去客戶處之前，一定要擦拭好鞋子的汚垢。一般人都認為，裝束打扮完全表現在鞋子上。

⑤牙齒應該早晚（或早午晚）各刷一次

這也是常識。最近開始可以發現這樣的光景：連男職員在午飯後也都到洗手間刷牙。雖不能一言以蔽之，說明是否有必要做到這個程度，但午飯後與人有約的時候，刷牙或許可以說是一種禮節，事先刷牙消除口臭，常能給予人良好印象。

⑥指甲應該修剪整齊

長的指甲、骯髒的指甲只會助長不整潔的印象。這是常識。還有，雖也有人在公司把指甲剪得「卡卡卡」作聲，但畢竟不太常見，還是在家規規矩矩地修剪吧！在公衆場合修剪指甲實在是不雅的動作，萬萬不要將私密性的事情公開搬演。

⑦應該攜帶白色的手帕

雖帶著彩色的手帕出去也無所謂，但應該避免不能拿出來當衆示人的手帕，無論任何時候都可以最不費心勞神帶出去的，總而言之是白手帕，帶著白手帕出去，就不必操心手帕出問題，造成困擾。如果你說：「會弄髒！」那就攜帶二條手帕出去。一條小小的手帕，也代表了你的清潔習慣，加深別人對你整潔的印象。

◆學習柯林頓總統

如上述所列的七項基本原則，再加上拒絕太過奇特新穎的服裝、髮型，這些絕對不要忘記！縱令公司已經習慣了你的裝扮，一旦做了奇怪的事情，上司、同事及女職員看你的眼光仍會立刻改變。

雖實際上不可以這麼裝扮，但人的內在涵養比外表受到更多的評判，往往服裝的印象決定了給予別人的印象。穿著正統、嶄新而整齊、潔淨的服裝的人，予人的第一印象會變佳，的確，得體服裝會為自己加分，或許還有人抱持「完美無缺很乏味無趣」的意見。

然而，如果是對自己的內涵相當有自信，可以斷言「連第一印象的負面分數也能改變為正面分數，作為戰術之用」的人，畢竟仍是「完美無缺為第一重要」。

不過，只要假日大家都去玩時，徹底地穿著粗糙的服裝就行了。無論穿著鮮紅色的馬球衫也好，穿著流行的休閒便鞋（布面膠底）也好，都沒有關係。

這方面最佳的例子是美國的總統先生們。尤其是柯林頓總統的時裝樣式等等，都成為人們的一大參考，競相模倣。也就是說，他有會議或公務時，一定規規矩矩地穿上成套西裝、打上領帶，而一旦到了休假或下班時，就穿上T恤、鞋球，讓身體輕鬆靈活。那樣的裝扮就很好。日本的上班族也有必要勵行與柯林頓總統的穿衣哲學，學習他所根據的場合。

無論如何，最重要的是清潔感。清潔感最容易受到年輕女性的歡迎，使自己更有人緣。要受到女性的歡迎，無論從前輩或同事看來，都是被認為「感覺良好」的傢伙，令人有好印象的傢伙。

總而言之，注重外表的修飾（包括服飾、打扮、言語、態度等等）很重要，要注意多修邊幅。

營造整潔的印象！

2

能幹職員的條件

進入公司之後，只要經過一陣子就會開始出現觀察前輩職員們之一舉一動的餘裕。於是，應該可以明瞭一件事：以往看起來似乎每一個都很緊張、積極地做事的前輩之間，有著明顯的差異。

◆能幹職員的五項原則

我所謂的「前輩之間有各種各樣的差異」，並不是表示單單只有性格、特質之不同的意思。而是指工作迅速俐落的人與緩慢延遲的人，被上司照顧的人與被觀察的人等等而言，也就是工作上「能幹」與「不能幹」的差異。你們當然經常觀察能幹的前輩職員，看看他們如何做事？這還不夠，必須發現每一個前輩哪裡不同於別人。然後，一定要學習、模倣這些特別之處。

能幹的職員在二大方面比別人更優秀。一個是可以警戒危險，注意不犯錯，另一個則是具有集中力。這兩點很傑出，是他們的極大特徵。

①學習能幹職員的小心謹慎

能幹職員的小心謹慎是什麼樣的小心謹慎呢？舉例而言，你連這樣的事情都辦得到嗎？

□上司西裝的領口附近掉滿了頭皮屑的時候，若無其事地靠近他，幫他拍一拍。

□撿起女職員所掉落的手帕，揮去灰塵再交給她。

□客戶如果蒞臨公司，就振奮精神地站起來，招呼客戶進入公司：「歡迎光臨！」「請這邊走。」

□發現在JR站內等處所舉行的物產展等促銷活動，不著痕跡地買一些，當作三點點心時間茶點的東西回來，分發給大家。

□室內的景觀很低俗時，便買花卉（人造花）回來，放在桌上。

有的能幹職員可以不動聲色地做這些事情，雖是不經意地一點點微不足道的小動作，但便顯得與眾不同。儘管這些小動作都淨是一些與工作沒有直接關係的事情，但能或不能如此花心思在小事情上，很快就會出現極大的差異。不斷地累積小事情表現，終會被上司等人所信賴：「那個傢伙是肯用心思的傢伙，很有心。」有人雖在工作上要拉開差距並不容易，但出乎意料地在小地方拉開與別人的差距，而升遷的速度也不同於別人，這是常有的事情。

②學習能幹職員的集中力

能幹職員的另一個特點是集中力。那麼，在這裡所謂的集中力所指為何？舉例而言，如下的情形即是：

□被委任的工作非常迅速地完成，大家都去玩了也無所謂，一樣忠於工作，就算是加班也要幹到底。

□為了經常保持不犯錯，工作都徹底地重新確認數次。

□即使是稍微困難一點的工作，也會心甘情願而主動地挑戰，漂亮地完成工作。

亦即不被周圍的環境所困惑，具有埋首於工作中全力以赴的集中力。

能幹的職員以上的二點（用心留神及集中力）比普通的職員更為突出、高超。再者，若相較於這二點用心及集中力的程度較低，但仍可以列舉下列三點能幹職員的特徵。

③身體健壯

從不向公司請假，規定的假日及有薪休假當然沒有關係，但無論如何不會因生病而休息，體力上或精神上都很強韌，永遠活力充沛。

稱讚你「那個傢伙是個硬漢子，完全打不倒！」的前輩，在周圍應該至少有一個。

④知識豐富

非常瞭解各種各樣的事情。舉例而言，當上司說：「呃，那個索馬利亞有沒有什麽通稱？」便可以立刻回答：「課長，有，叫『非洲之角』。」像這樣，連不成系統的雜學也包含在涉獵的範圍之內，各方面的知識都很豐富。

⑤能巧妙地執行團體工作

絕對不以自我為中心，一意孤行。人雖都覺得自己可愛，比較疼惜自己，但對於周遭的人們，絕對不可以採取自私自利的態度：儘管也關懷、顧慮別人（也相通於警戒、留神），只要自己好，別人會如何也無所謂。

齊備了這五點，是成為一個能幹職員的條件。你們大概明瞭各點條件的不同吧。希望你們也務必要成為如此能幹的職員。

3 在會議上顯露鋒芒須知

像你們這樣的新人、新手，參加會議的機會或許還不是那麼多，然而，倘若獲得如此的機會，最重要的是，試著儘可能徹底地讓自己顯眼、出眾。儘管是新人、新手，也不可以客氣，顧慮太多。

◆在會議上要表現自己

日本的公司裡會議很多。尤其是一旦當上幹部負責重任，工作的半數以上在會議中被處理的情形並不在少數。我認為，你們新人及新手所參加的會議，是以部、課之間的連絡協調會之類的會議為中心。不過，不管什麼樣的會議，如何活用、善用那次機會是非常重要的。對新人、新手而言，會議是讓別人承認自己能力的機會，是很關鍵性的場合。

◆在會議上顯露鋒芒的九大原則

那麼，在會議該以什麼樣的態度去面對才好？為了表現自己，每個人莫不使出渾身解數，在此，列舉利用會議的方法看看！

①積極地提出意見

在會議上應該儘量地主張自己的意見。因此，有時鋒芒畢露的人也會被賞識，得到認同，在被要求提出意見之前，接連不斷地發言吧！

②仔細地聆聽別人的發言

儘管自己有意見，但並不是只要滔滔不絕地說個不停即可。也有必要聆聽別人的意見，而且必須表示同意、反對。

③過於饒舌會被厭惡

一旦過於喋喋不休，就會被認為：「他想要出風頭惹人注意吧？」如果嘮叨成了習慣，也會被衆人視為討厭鬼，對你嗤之以鼻。

④勿喋喋不休

說話的方式也要多加注意！嘮嘮叨叨、沒有重點的說話方式被厭惡。

將發言一項項分條列出，逐一地發言，比方說「關於這件事，我想有三個思考方式：第一是○○，第二是××，第三是△△。若綜合考量以上三點，我認為結果會是……」這麼一來，大家會容易明瞭。

⑤如果發言中途被插嘴，那就聆聽這些意見

如果在自己發言正進行當中，某人想要插嘴，那麼一定不要打斷那個人。相反地，應好好地聆聽其意見，聽完之後，也一定要再度陳述自己的意見，包括對那些意見的答覆、回應在內。

⑥勿企圖違反會議的流程

偶爾會議的流程也會朝著與自己所想的不同方式進行，倘若大多數人都同意某一決議，那就只好莫可奈何地死心、放棄！所謂的組織，即是如此。這時候，也有必要乾脆爽快地遵從多數人的意見，說道：「我雖有其他的意見，但既然大家有如此的意見，就只好遵從這個決議。」

⑦有時要表現不妥協的態度

偶爾想使自己成為矚目的焦點，而充滿企圖地表現自己時，只要試著固執地堅守自己所提出的意見即可。表現幹勁十足、自信滿滿的一面，說道：「各位認為或許會有什麼問題，而我是這麼認為……」一步也不退讓怯步。因為任何事情、想法不一定在適當的地方妥協，沒有一定的見解，所以可以大約三十次之中試著做一次不妥協，也無傷大雅。然而，做得太過火，卻是要不得的。

⑧解讀上司的心思

在會議的場合上，最必須注意的是上司的態度，要小心察言觀色。比方說課長擔任司儀主持會議的時候，要看清楚課長的見解偏向哪一邊？遺漏的地方是哪裡？看透這些地方之後，贊同課長的意見。儘管是上司，但只要自己的意見受到贊同就會很欣喜，若被反對，則心情會很惡劣。仔細地觀察，用心讀取上司的心思，也很重要。

⑨事先就會議的主題加以研究

事先察知要舉行什麼樣的會議也很重要。只要知道這一點，便可在事前預先作研究。然後，在會議上一定要發表有建設性的意見，讓眾人明瞭：「這個傢伙很用心地研究。」

◆學習在會議上發言的時機

對年輕的職員而言，會議是獲得賞識、受到認同的機會，也是能堂而皇之地發表自己意見的場合，希望你們務必活用它。在日本人，會議多到令美國人吃驚的程度，多到使美國人提出質疑：「你們該不是從早到晚都在開會吧？」然而，這句話有一半說對了。對上班族而言，所謂的會議是可以發揮自己五十%左右能力的場所，或者能力受到試驗的場所，它是實際上耗費了那麼多時間、精力的場所。因此，會議所具有的重要性、份量非常高，請視為上班族的一大競賽項目吧！

那麼，我認為年輕的你們在發表自己的意見上絕對有勇氣。但是，你們有時也會心想：「說了見解不當、看法錯誤的話而被瞪視時，將會如何？」無論如何，一直保持沈默坐著不動，作為會議上的一份子，是最差勁的表現，偶爾也必須說一說自己的意見才行。即使稍有畏縮退怯，也應該下定決心這麼做。如果因為會議主席實在看不過去，被指責說：「你有什麼意見沒有？」才發言一、二句，那就有失上班族的資格！自己也臉上無光。早一步採取行動，積極地發言吧！

話雖如此，一直保持沈默的人要發表自己的意見並不容易。因此，要領是會議開始十分鐘時無論如何首先說幾句自己的意見，使緊張的情緒緩和下來，心情輕鬆一點。如此一來，之後就會比較容易說出意見。

如果憑藉積極發言的態度出席會議，熱心地參與討論，那麼不久的將來就能開始鋒芒畢露地發表意見。倘若有一度受到上司的矚目，開始看到你的才華，那就已經沒有問題了，你的前途一定無限光明。你將開始具有自信，面對會議的挑戰。相反地，如果你將會議視為畏途而大感苦惱，那麼這將成為嚴重的問題，因此，最好是儘可能地克服對會議的恐懼。

4 發揮企劃的能力

在新人、新手職員之中，有很多人希望自己被分派到企劃部門。年輕的腦袋有時會想出連資深的老手也想不到的點子、創意，令人驚喜。這實在是很有魅力的事情，大大地發揮年輕的本錢吧！

◆即使不待在企劃部門可以提出企劃

希望被分派到企劃部門的職員雖很多，但實際上能如願以償的人，很遺憾地是少之又少。所以，也有人為此而頹喪失望，失去幹勁。但是，就算不是特別隸屬於企劃部門，仍可以思考企劃，適時地提案。如果你覺得「想了好的企劃！」那麼只要迅速地提出即可。

不過，提案上有一定的程度，必須好好地遵循。一怠忽了這一點，就很有可能從意想不到的地方被拖延下去，置之不理。

◆提出企劃的程度及注意事項

那麼，我來列舉一下提出企劃的要點！

①看清上司的性格

提出企劃時，首先向直屬的上司（課長）提出是最普通的情形。然而，一旦奸詐狡滑的上司作出判斷：「好企劃」有時就會佯裝是自己所想出的企劃，向更上一級提案。令你恨得牙癢癢的：「豈有此理！」於是，費盡千辛萬苦做好的企劃，便無法以自己的名義出現，既不能增加你在工作上的價值，也不能提高你做事的效果，好像見不得陽光似的。

若提到為了不讓上司做這種模倣企劃的行為該怎麼辦？則請先將企劃書影印五～六份，而且，之後要拿著企劃書對課長說：「您考慮一下這樣的企劃看看……」讓他看企劃。此時，要先附帶說一句：「我想要請經理、副理看一看，所以已經影印了數份……」

當然，課長可能不會有好臉色。但是，就暫且保全面子的意義而言，還是透過直屬上司帶你去課長那兒提案比較理想。如果跳過直屬上司，直接帶著企劃案到更上一層的長官那兒去，那麼長官一定會說：「太不懂規矩了！」這一缺失可非同小可，有時也會成為一大罪狀。然而，為了「上達天聽」直接與上層接觸溝通，非得遵循大致上的程度不可。

另一方面，如果課長有人情味又親切和善時，那麼有時就會最先想到：「你這個企劃案很厲害嘛，不得了喔！我會給你大力推銷出去！」而真的為你大力推銷企劃給公司。

因此，首先要看透上司是哪一種類型？然後付諸行動採取下一個步驟。要看清楚上司是哪一種類型十分簡單。試著提出一次企劃案看看，如果上司將這個案子當作自己的意見往上表達，那就不能再提案了，倘若上司直接傳達你的案子，那麼就是一個好上司。只要觀察最普通的行為舉止，就明白上司是自我中心、自私自利，抑或能照顧部屬的上司。

②向企劃負責部門提案

公司非常順利地組織成立，從公司內部募集企劃，設置吸收拔擢企劃的部門。舉例而言，在企劃部或教育訓練部等，積極地從公司內部蒐羅好企劃。公司有這樣的部門，只要向那部門提案即可。不過，別忘了也將一部份影印向課長報告：「我想出這樣的企劃，請您讓我送給企劃部。」如此可達到先知會上司，又可收到防止上司盜用企劃案的效果。

③發表在公司的機關報上

在公司內部有發行機關報的時候，對機關報的編輯部提出各種企劃案也是方法之一。視企劃案內容如何，或許會順利地被採用，得以發表於報紙或雜誌的版面上，引起公司的注意。

④利用會議的場合

如先前所說的在會議席上發表自己的企劃。此時，要注意仔細地考量會議的主旨，衡量時機然後再發表企劃案。

◆公司要求企劃能力

有企劃能力的人，公司會給予較高的評價，因此，如果你想出了好的企劃案就不要悶不吭聲，希望你迅速地發表出來。由於就自己而言並不瞭解自己的企劃是好？是壞？因此，也有人會認為如果被上司蔑視：「竟然提出這樣的企劃……」未受到重視，那就很討厭了，於是說：「打死我也不幹！」但這樣錯誤的想法，毫無道理！無論是什麼樣的企劃，都應該乾脆俐落地發表出來，爽快一點，遲了一步恐怕要後悔不已。也有人根據場合、情況，將企劃案寫成論文，投稿給業界報紙，或是在大的會議上幸運地得到發表企劃的機會，從此平步青雲、飛黃騰達。

企劃能力與年齡無關。毋寧說，愈是不會墨守成規、因循苟且的年輕人，想出好的企劃案的可能性愈高。頭腦愈新鮮，問題意識也愈旺盛，可以將資深、經驗老到的前輩認為「反正不行！」整個顛覆過來，扭轉他們的想法。

就連像湯川秀樹那樣獲得諾貝爾獎的學者，獲獎也是經年累月的努力才有的結果。所以，努力要趁早，在年輕時多打一些基礎。他開始研究是在二十出頭左右。湯川博士等人在二十三、四歲時已經發表了中子理論，這個理論後來被認同，榮獲諾貝爾獎。

如上所述，做大事、有成就的人，出乎意料地多半都在二十三歲左右在觀念上醒悟過來，產生了新的想法、創意。因此，不要以為：「自己進公司才不久，還是新人，所以不敢急於表現……」等等，我希望諸位能提出好的創意。

提出企劃的方法

5 高明的爭吵方法

有時，與上司發生爭執也成為有效的自我表現方式。然而，有時一旦走錯了一步立場也會變得危險，處境愈來愈艱難，就某種意義而言，它是一把雙刃之劍。你們務必先瞭解爭吵的界限。

◆即使與上司爭吵頂多不過開除自己而已

面對上司、有關工作方面的事情，你們今後或許會數度與上司發生衝突，內心憤恨不平地說：「從來沒有這樣的說法！」腦海裡閃現憎惡上司的念頭。有時，也會氣勢洶洶地說：「請讓我說一句話！」情緒激昂地想要反駁上司。但在無法忍受時，究竟與上司爭吵好呢？還是忍耐呢？

事實上，這件事有明確的區隔方法。首先，因個人的情緒而與上司爭吵是一大忌諱。因爲上司聽到了心裡一定會很不舒服，心想：「那個小子！」而表現出鄙夷的態度。這麼想的上司會做出什麼樣的事情？就無法預測了。他可能在人事上或在上司的權限之下狠狠地整你一頓。即使認為上司卑鄙無恥，但這便是現實的情況，不得不小心，別得罪上司，以免他利用權限整你。因此，基本上不可以與上司爭吵。

已故的扇谷正造先生留下了「所謂的公司，就是上司。」這句名言。所謂的上司即代表公司，與公司爭吵即意味著你將被打入冷宮。被冷落，對上班族而言是極大的致命傷。在人事上被蓋上戳記，受到貶調、降職等處罰，被賦予困難的工作，最後在苦悶之中迎接退休的到來。

一旦成為嚴酷的上司，其部屬就會故意地灌輸將新分派到那個部門的課長之壞話，並將壞話傳送出去。聽到壞話的課長，便心想：「他以前的部屬，說我接下來要去的平田先生那兒很嚴酷呢！是不是真的呀？」另一方面，無論如何都會以有色眼光看那位上司。於是，只看了一點點小事就認定：「平田先生的確有如此的一面啊！」而且，課長到下一個部門去時也重複著同樣的情形，被煽動新上司的壞話，結果那個上司便與不好的評價一起被調動，輾轉於各部門之間，形成一個循環，永不停止。

如此的結果，被衆人所指指點點，只做到普通職員、主任或代理課長的程度，便結束了生涯。這樣的人生，或許並不有趣吧！因此，基本上要忍耐，不可與上司爭吵，以免予人壞的印象。

◆工作上的爭吵若附帶了條件則是被容許的

不過，在完成某件工作之後意見互相對立時，爭吵並無妨的。若說到原因何在？則是因為，一旦年紀輕輕卻偏偏凡事都唯命是從，一派應聲蟲的樣子，只會說：「是的、是的！」那就會被視為聽話、乖巧的傢伙，不會有所作為。因此，因意見相左而爭吵（比起如此，或許以激烈的辯論去爭鬥的表現方法來得更好），很有年輕人的「派頭」，更有年輕人的樣子，是件好事。在這樣的時候，應該大大地吵上一架。

但是，最後別忘了應該讓步、道歉。如果無法附和上司的意見，即使是工作上的相關事情，也不可以爭吵。再者，被提醒、警告時也不可以反抗、企圖辯駁。徹底地在可以附和上司的範圍之內，以激烈的辯論爭鬥，其結果，即使一天、二天氣氛變得緊張、險惡也無所謂，在這個世間雖有人被稱為「善於爭吵的人」，但我希望你們要爭吵得巧妙一些。

◆勿憑著學生式的感覺爭吵

不投緣、不對勁的上司，有時一點點小事就會成為爭吵的火種。舉例而言，關於服裝方面被批評說：「你看這是什麼樣的裝扮，不太配合身份吧！」等等，便勃然大怒大吵一架。或者，如果抽菸而被說：「菸對身體不好，所以戒了吧！」就會回答：「是我的身體，你管不著！」而演變成爭吵的局面。諸如此類都是很好的例子。

然而，不加思索就隨便地反抗上司，也是莫可奈何的事情。只有一件事被容許，那就是當你非常認真地從事工作，卻被上司說：「要全力以赴去做！」意見有所衝突、發生爭吵時，此時即使與上司爭吵，也不可以互毆或數日互不說話。

在公司裡的部屬與上司的關係，不同於學生與老師的關係，最後迫不得已之下，部屬只好屈服、讓步，部屬永遠是弱勢的一方。不合道理被視為合理正當，無論如何都要一直來往、過招的，即是上司與部屬的關係，所以也是沒有辦法的事情。

6 勁敵是一針強心劑

公司職員不可以有個人主義。應該經常燃燒著上進心，考慮不斷地往上爬升。但是，有時若只有一個人獨立奮鬥，則會使人洩氣。為了不致於如此，應在身邊製造競爭的對手。

◆比較別人、觀察自己的重要性

一旦比較了別人再看看自己，就可以看清楚自己的優點、缺點。我覺得雖也有人認為：「自己就是自己」但在公司裡不能說這樣的話，不管你願意與否，都會被一直捲入「自己以外的他人」的關係中。

總而言之，你無法拒絕公司裡的人際關係，勢必與他人競爭，比較出優劣。

既然如此，那就試著經常意識到周遭的情況，尋找競爭的對手。即使只是出人頭地、坐上高位，並非人生的全部，但在這個競爭激烈的公司裡，步步高升總比永遠停留原地來得好。不，應該說為了創造一個自己所希望的工作環境，非得飛黃騰達不可。為此，我鼓勵你製造競爭對手。

◆競爭對手要從同期進公司的夥伴之中尋找

尋找勁敵的方法，最好是從同期進公司的人之中尋找。假如有二百人同期進了公司，最後其中約有三人會成為高級幹部，而剩下的人則停留於經理、主任的職位，最下一層級的則是一直保持普通職員，或是退休之前往其他的子公司。

當然，或許也有人在中途改行或獨立創業。有人說到「升遷競賽」之類的名詞，這堪稱十分巧妙的形容。

升遷的競賽恰似從一條橫線起跑，一邊展開你超過我、我超過你的賽跑，一邊不斷地前進。因此，與其從跑在前面的前輩或追在後面、才剛開始起跑的後輩中尋找競爭對手，不如在同期中尋找強勁的對手，這樣將會來得比較容易一些。

◆活用因研究進修而聚集在一起的機會

從進入公司第一年起，每年公司都按照每一年的慣例，在總公司舉行聚集了同期進公司的職員的各種研究進修會。雖到第四年左右為止，並不會感到每個職員間有那麼大的差距，但一經過五、六年差距就逐漸地拉開來，孰優孰劣一目瞭然。因為，各種情報或傳聞不曾停歇，譬如：「那傢伙當上了股長」「那傢伙成為主任」「那傢伙還是個普通職員」「那傢伙被分派到人事部了，已進入管理階層，踏上成為菁英的道路。」「那傢伙被調任至遙遠的分公司，所以我有一點希望了。」等等。

一旦公司的規模變大了，因為進公司之後職員被分派至全國的分支單位，所以有時就難以明瞭同期的同事在做什麼樣的工作。而如果你被派到地方的分公司，那麼，要有所心理準備自己的周遭將連一個同期也沒有。因此，一年一次全員聚集在一起研修的機會很寶貴。希望你務必從各位同事那兒打聽各種情形，譬如：「那個傢伙在做那樣的工作嗎？」「我正在前進呢！」「我落後了呀！」等等。定下目標好好地加油吧！

◆作為競爭對手對象的基準為何？

一經過二年左右，就開始明瞭在同期的同事中誰優誰劣。如果看比自己差勁的人，那就沒完沒了，而看比自己優秀的人，則也永無止盡。但是，競爭對手最好儘可能從優秀的夥伴中選擇出來。不過，優秀的夥伴是什麼樣的夥伴呢？一般人一想到這個問題，似乎腦海就會浮現一流大學出身者的容貌，但並不是如此。

最近是實力優先主義開始進入企業中的時代。僅僅有學歷，並不能判定出優劣。可是，該以怎麼樣的人為競爭對手才好呢？

一、在會議等場合上尖銳地發言的傢伙。
二、做過在公司內的機關報上發表論文之類事情的傢伙。
三、為了說明自己的經驗談，而被邀請到新人研修會的傢伙。
四、傳出「那個傢伙似乎受到上司賞識」等風聲的傢伙。

另外，後輩中不斷地有優秀的人材加入，有時或許超越自己也未可知。而且，前輩中大概也有優秀人材。因此，你們在從同期同事之中尋找競爭的同時，要先將身邊的優秀人材都標上記號，進行凌駕這些目標的工作，直到超越所有的競爭對手為止。

◆暗中鍛鍊能力，超越競爭對手

首先，雖說應該從同期的夥伙中尋找競爭對手，但雖說此暫時領先群倫，但不可以因而滿足。說得誇張一點，公司職員周圍全體的人員都是競爭對手，不能稍有懈怠。換言之，任何一個人都是競爭對手。

一般認為，學生時代能交上親密的朋友，而一進入公司就結交不了親密的朋友。因為，當進入同一家公司時，無論前輩或後輩全都成為自己的競爭對手，一直進行著升遷的競爭。

升遷這個名詞，對時下的年輕人而言或許並不熟悉，然而，若進入公司之後不再更進而超越別人，未免太過無聊了。舉例而言，如果比自己晚進公司三年的後輩資歷較淺，卻當上你的上司，被說了「××先生，這樣的事情可不可以?!這樣就可以通過了嗎?!」之類的話，那心裡可就不舒服，工作也不可能有趣吧。為了不遭遇如此遺憾的境況，絕對有必要具有達到比別人更高地位、搞出一番局面的魄力及努力。

然而，雖說要展現出魄力，但不可以在態度上明白地顯示出「絕對不能輸給那個傢伙！」因為，將公司的人際關係弄得複雜而痲煩，絕對不是一個好手段。你要暗中自我磨練。比方說，如果某人取得了社會保險經紀人的資格，那麼自己也要用功讀書以取得資格，或是某人在機關報上發表了論文的話，自己也發表一篇。或者，「逆向操作」做別人不做的事情，拉開與別人的距離，形成工作表現上的差距。

無論如何，倘若你們將上司的話當作耳邊風，工作情形又蠻不在乎、散漫隨便，那麼作為一個公司職員就夠不上資格，也將落伍。就像以前巨人棒球隊的王貞治及長嶋，以及現在西武隊的秋山及清原，如果能找出可以有互相切磋琢磨關係的勁敵，心想：「因為有那個傢伙所以才有我。」那就太好了。

像貴乃花及若乃花即使是兄弟，也一直發展成互不相讓服輸的關係。競爭對手的效能極大，務必在身邊找一個好敵手、互相競爭才是。

7 提出自我呈報書的書寫方式

對一個公司職員而言，自我呈報書是申告自己的能力，讓上司認同、重視的手段之一。因此，其寫書方法必須極盡周到。所謂的自我呈報、申告，並非凡事隨便地書寫，任憑喜好。

◆不可以任意地自我呈報

所謂的自我呈報書，是為了陳述自己的特徵及希望而寫的書面報告。自我呈報書的目標，在於確定職員抱有什麼樣的想法?在職員人數衆多的公司裡，無論如何也沒有聆聽每一個人意見的機會，再者，有時候當著衆人面前談論有關自己的種種事情被視為一大忌諱，因此，如此的書面報告被廣為利用。自我呈報書雖也成為積極地強調、訴求自己的良機，但在此同時，一旦弄錯了書寫方式，就很可能自己砸了飯碗，遭到革職的命運，所以是非常困難的事情。

因此，現在我希望先就自我呈報書的書寫方法，陳述有關其禁忌的事項。縱令是自我呈報，也並不是像說明「請讓我調職」、「我不願意隻身赴任」「××的工作並不適合自己」那樣，一旦說了上述的某一句話，就觸犯了禁忌，身為組織的一份子，最好是在呈報書上說「我不應該書寫任性的事情。」雖原則上上司聲明：「希望聆聽員工肆無忌憚的意見。」「所想到的事情隨意地寫給公司。」但在上司內心真正的情緒上，卻認為如此的希望非常地令人不快、討厭，看成是部屬故意找麻煩的呈報書。上司雖說：「想到什麼就寫什麼，隨便發表意見。」但這並不是他們的真心話，他們可不希望部屬口無遮攔。

「××是我的特徵。因此，如果承蒙被分派到×××部門，那麼我便可以發揮更大的能力，我認為我將能貢獻一己之力給公司。」

也就是說，積極向前的自我報告書是最令人滿意的、最完美的。在報告上寫著：「時代一直在改變，即使拒絕調職也不妨礙升遷，兩者並未互相抵觸。」也是一大原則、方針。而寫著：「因為公司是以組織的型態去運作，所以不能聆聽個人任性的話，任由個人恣意放肆。」是報告者的「

真心話」（就算並非出自肺腑之言，也要寫上去）。自我呈報書非常地困難，尤其是胡言亂語、自說自話的自我呈報極為危險。

◆自我呈報書的巧妙書寫方法

現在將話題轉到自我呈報書具體的書寫方法吧。基本上必須事先注意的是，危險的話語一定要好好地「包裹」起來，也就是巧妙地掩飾可能惹上司不悅的部分。

①不願意調職到寒冷地方時

「我生長於南國，是高知出身的人，喜好溫暖的地方。再者，我大學時代曾待在風帆社團，鍛鍊過身體。因此，我希望在天氣暖和的地方充分地利用體能。當然，我認為自己在寒冷地方也能充分地工作，克盡職守，但是，如果要更進一步地發揮能力，那麼我認為暖和、生機蓬勃而欣欣向榮、能做事的地方，會比較適合自己。無論從事研究開發的工作也好，從事銷售營業的工作也好，或是在分公司服勤，我想還是在溫暖的地方更能發揮我的能力。」

結果最後雖在呈報書上說：「請原諒我不能去寒冷的地方。」但要將問題、理由集中於正面部分，寫出對自己有利的事情。

②想要說出分派部門的希望時

「我自己是法律科系出身，非常喜歡研究法律。因此，如果承蒙能讓我從事與政府機構的交涉折衝或與不動產有關的工作，那麼自己身為公司的一份子，我想這樣是不是能對公司有較大的貢獻？」

「我十分喜歡演說，因此，請派我到研究進修方面的工作單位。請讓我在那裡從事與教育訓練的工作。或者，請讓我從事外勤的會議主持人之類的工作。我希望發揮口才的長才。」

無論如何，要多加強調自己所擅長的領域、頗為自豪的長才。如果說出自己所擅長的事情，那麼這縱令如何強調、誇張也無所謂。

不過，絕對不可申告：「因為我有××的缺點，所以請派我到××之類的部門。」自我呈報書的要領，是將負面置換成正面，將對自己不利的事情寫成有利的事情，為自己加分。

8 蒐集公司內部情報的方法

在公司裡，各種各樣的風聲、流言交互飛舞。然而，絕對不可以認為：「頂多不過是流言蜚語罷了，根本微不足道。」流言蜚語中有時包含著動搖你周遭人們態度的真實性，要豎起耳朵聆聽啊！

◆蒐集公司內部情報也是能力之一

所謂的公司內部情報，是人事、開拓新事業領域、轉換政策方針或某人發生了事件等資料。一旦進入公司從事某項工作，連聽都不想聽、從未聽過的情報就會不斷地進入你的耳朵。而且，如此的情報愈是事先得知愈是有利，也可以比別人更早一步地採取措施，開始著手進行計劃。在巧妙高明的自我表現中，也包括了事先獲得如此的情報。積極地蒐集情報，也是一種能力。希望你務必學會此一能力。

那麼，我來談一談要如何蒐集情報的幾種方法。

◆蒐集公司內部情報的方法

①腳步勤快頻頻地到各部、各課、各人的身邊「遊玩」

「遊玩」是一大重點。以企圖蒐集情報的心情去周遊各處，蒐集不了好的情報。要以去聊天的感覺，到每個人那裡，去四處遊走，這裡說說那裡談談。如此一來，意想不到的風聲及情報就會不斷地進入耳裡，握在手中。

獲得的情報，不要喋喋不休叨嘮個不停，一個勁地說給別人聽，到手的情報一定要留在心內，或是記在筆記、手册上留下來。一旦大嘴巴說溜了嘴，就會被蓋上「那個傢伙真饒舌」的烙印，以後大家就不說給你聽。不斷地從別人那裡打聽情報，但是，自己所知曉的事情絕不多嘴大肆宣揚——這似乎是有一點奸詐狡滑的做法，但卻是蒐集情報的鐵則。

②尋找「廣告電台」

任何一個公司都有被認為「那個傢伙是個廣播電台」，而被起了「大嘴巴」綽號的人。所謂的「廣播電台」，是指最喜愛蒐集情報的人而言。像江川卓那樣豎起了耳朵四處蒐集情報，用洋洋得意的表情將得到的情報說給人聽，即是最佳的「廣播電台」。要蒐集情報，就得先與這樣的人愈來愈親近，然後，偶爾帶著對方去喝酒，探尋出各種情報來。

③偷閱公司內部文件

在公司內部都會有各種文件不斷地傳遞輪流閱讀。年輕的你，身邊或許不會有那麼多文件傳閱，但是，一旦在課長或科長的桌上看見了，多半的情形就會相信這樣的文件，甚至被故意設計而上當受騙。在那些文件上面被蓋上紅色的「機秘」、「極機密」等橡皮印，儘管如此，其實卻是不經意地被放在那裡。

將如此的文件過目一遍。當然，你不能任意地帶回來，一頁一頁迅速地翻閱它。偶爾課長外出不在公司時，或是午休獨自一人在公司時等等，先閱讀一點點，將重要的部份抄下來、記下來。

說起來，這雖變成「竊盜」的行為，但這樣的做法，也是一個蒐集公司內部情報的方法，可以慢慢地累積情報。

④仔細地閱讀公司報

有的公司每個月或隔月在公司內部發行機關報，由於機關報並不是意味著上面一定記載、報導了特別有趣的事情，因此或許平日你們從未從頭到尾讀遍每一個角落。然而，希望你們張大眼睛閱讀，請注意重要的情報。因為在公司裡很忙碌，大概無法閱讀，所以請利用回家的通勤時間閱讀。正因為別人不太閱讀機關報這種枯燥乏味的東西，所以你們更要好好地閱讀，從中得知公司內部的消息，蒐集所需要的資料。

⑤注意工會的情報

我想你們一進入公司就會加入工會。這種工會，都會出版情報誌、機關報之類的刊物。這些刊物也要好好地閱讀。在那上面工會強硬地提出改善待遇的要求，而公司如何對應這些要求，全被詳細地記載著。雖然對工會不關心、沒興趣的人不會看這種東西，但付了工會會費之後，請更要閱讀一番，不，應該說務必要閱讀，出乎意料地，最重要的情報是從工會散佈、流傳出來的。

另外，工會人員中有人是專職者，亦即積極地從事工會活動的人。如果有如此的前輩及同事，那麼試著向他們打聽一下各種事情，可能也很不錯。希望你們也積極地參與、出席工會的各種大會，打聽事情、聆聽情報。工會的大會應該會成為重新評估公司及工作的良好契機。

◆公司是情報戰爭的最前線

一旦什麽情報都不知曉，只是拼了老命地工作，有時自己的拼勁將不會受到公司的嘉許，得到良好的評價，這樣的事情並不稀罕。相反地，一旦獲得許多情報，便可以用最小的努力提高最大的效果，也就是說，能經常採取適當的措施。第二次世界大戰時有個好例子。日本的情報不斷地完全洩漏給美國，讓對方清清楚楚，另一方面，美國的情報幾乎未進入日本手中。結果，由於如此的情報戰爭及物量作戰，日本敗戰了，一般認為對敵方情報上的匱乏，以及本身情報的洩漏，成為戰敗的最大原因。

一旦耳聞情報，就會對凡事有餘裕，可以挑起適切的戰爭，從容地向敵方找碴兒，若沒有餘裕，則人會大大地改變，因此，我希望你們務必努力於積極地蒐集公司內部情報，掌握先機，遇事時可以作出恰當的因應。擁有情報，就等於擁有更多的籌碼。

蒐集公司內部情報的方法

9 利用公司的能力開發

公司為了培育優秀的人材，對聲言「希望取得某項執照」的人，會積極地給予援助。在金錢上或時間上的融通公司很多。如果自己的公司也是這樣，大概沒有辦法不去利用這些吧。

◆一舉兩得的執照制度

有時也會由公司為你負擔全額的費用，幫助你取得某一資格的執照，雖有時只給予補助其中的一部分費用，但好歹總是給予你援助。再者，一旦通過資格考試，也有一些大公司會在早會上給予表彰的獎狀及獎金。這一件好事要怎麼形容知道嗎？應該說是「一舉兩得」。

公司給予金錢補助，讓你學習資格及技能，取得專業的執照，並且又再對此一執照給予表彰——世界上根本不應該有這樣的好事，因此，你應該利用公司取得資格，不斷地開發自己的能力。另外，公司裡如果有定期召開舉辦的研究及演講會，那麼只要有時間就去參加，多多地學習，對自己絕對有幫助。

◆利用公司磨練技能

一旦擁有了資格或技能，多半時候會發揮各種有利的作用。譬如，在調職方面擁有更有利的條件。倘若沒有能力，憑著一時情緒跳槽的人會很不幸，而如果擁有充分的能力，有時便可以善用這項條件，把握尋找更好工作環境的機會。雖說上班族的健康便是一項有利的資本，但擁有另一項資格或技能，也將成為一項資格。一旦擁有可以凸顯自己、增加魅力的東西，譬如「擁有稅務代理人資格」、「擁有英語翻譯的資格」等等，便能藉此讓人尊重、讚揚。

因此，並不僅僅是拼了命地工作，而是要貪婪地吸收工作上的經驗，考慮如何提高自己的能力。因為是可以一邊領受薪資、一邊提高自己的能力，所以沒有理由不去利用這個機會。

其中有熱心的人、想要用自己的金錢取得資格的人。這雖也無妨，但最重要的是，將眼睛睜得大大的，懷抱著「可不可以設法活用公司的資源」而從事工作。不會打文字處理機、不會用個人電腦的人，無論如何應先試著學習公司的文字處理機或個人電腦看看。或許公司裡也有指導手册，以及教給自己用法的前輩，要多多地請教他們。藉由利用公司的資源，可以學會各項技能，如果再進而取得資格執照，那更是再好不過了。

另外，有利於能力開發的工作，縱令加班也應該去做。這並不是為了別人而做，而是為了自己好。因此，即使搶奪別人的工作：「我來幫忙，所以請讓我做！」也要去做。因為外表上很勤奮的樣子，予人良好的印象，且藉由做這些事又能自我學習，所以這不是令人挺高興的嗎？

◆在朝會上學習演說能力

除了資格或技能之外，為了磨練演說能力，也可以利用公司。如果有機會在朝會、會議等場合上當衆說話，那麼最好積極地接受。有人畏首畏尾、退縮不前，很討厭也不願意在衆人面前說話，這是大錯特錯的做法。

也有人積極地到訓練說話的教室，付一大筆錢，進行在人前說話的訓練。其實這種訓練可以免費就做到，讓這個機會溜失，未免太過可惜。

一旦可以在衆人面前演說得很好，做起事來將更順利。能開始擔任結婚典禮的司儀時，比什麽都更能增進對人際關係的自信，如此一來，應該可以消除自卑感，以及掌握開發能力的絕佳機會。

10 閱讀報紙、書籍、雜誌的方法

公司職員非得知道各種事情不可。粗淺而廣泛地涉獵，無論什麼樣的話題都能插上幾句，參與討論，也是優秀的公司職員的條件。為此，要不斷拼命地閱讀報紙、書籍、雜誌！

◆公司職員必須是雜學博士

前面已說明了蒐集公司內部情報的方法，除此之外，也不可以忘了利用一般的媒體去蒐集情報。或者可以說，不能怠忽於利用媒體。不知道社會上、世界上正在發生什麼事情，便不能扮演好職員的角色。上班族並不是單單工作方面能勝任即可。正因為如此，才非得參與政治、經濟到運動、藝能等一切的話題，無法談論任何話題，便談不上前途發展。

那麼，如何利用一般的媒體，蒐集情報呢？

◆報紙以《朝日新聞》、《日經新聞》最出色

在日本，有朝日、每日、讀賣、產經、日經新聞等大報。其中，我希望如果是上班族就務必閱讀朝日新聞及日經新聞二報。可以的話，請二報都訂閱送府到家，如果訂閱有困難，那就採取在家訂閱《朝日》、到公司看《日經》的形式。另外，其他的報紙也很好，但通常上班所交談的話題多半是：「我看了今天早上刊登在《朝日》上的那則報導，你呢？」等。如果回答：「我只看了《產經》的社論呀……」那就太不像話了。

◆書籍應利用通勤時間閱讀

書籍要利用在電車上的通勤時間閱讀，在大都會圈裡，來回通勤就花掉二～三小時的人，大概是家常便飯。倘若只是打打哈欠就渡過寶貴的時間，甚為可惜，空暇的時間要大大地利用。

那麼，在這時，該看什麼樣的書呢？

在此，我希望你們積極地閱讀為了磨練能力的技能類書籍，或是與自己的業界有關的專門書等。

◆雜誌應再三玩味廣告的內容

雜誌的種類令人目不暇給，不知該看哪一種？或許要全部過目是做不到的，所以選擇哪一種雜誌定期購閱非常困難。如果有喜歡的雜誌也可以定期購閱，但通常不做到這個程度，並無太大的影響。

比起購閱雜誌，報紙的廣告或電車裡所懸掛的雜誌廣告來得更為重要，一定要過目，當從廣告上認為雜誌裡似乎刊登了很有趣的報導，心中既驚又喜時，只要去買來看就行了，或許不必每種雜誌都買回家。

◆無論如何要閱讀所有的東西

其次，是要閱讀這些東西的哪一部分呢？你們的目標是開始被稱為「雜學博士」。這是身為上班族的理想。「雜學」這個形容詞雖不好，但好歹是表示凡事都略知一二的意思，頗有恭維之意。「雜學博士」的相反，是被稱為「專業傻瓜」，有的人雖對有關專業上的知識知之甚詳，但對其他的事卻全無概念，一問三不知像個白痴似的。

撇開在研究室工作的技術人員不談（因為他們整天關在研究室裡，鮮少接觸工作以外的事物），從事需與人協調、折衝的工作的人，如果是個「專業傻瓜」，那就勝任不了工作。

在客戶那兒談話，或者與上司談談，不曉得什麼事物可以提出來作為談論的材料。這時候，有時並不是說一句：「有什麼事情？」就可過關了事。因此，到處看看任何東西都不放過，事先廣泛地涉獵知識讓自己可以參與任何話題，是最重要的。

不過，如果是與工作無關的，那就不必詳細地閱讀，只要迅速地過目，瞭解大致的內容即可。相反地，與工作有關的東西，要反覆地閱讀數次，也就是說，多角度地閱讀各種各樣的報導、文章，而且，試著在自己的腦袋裡歸納整理報導的來龍去脈，瞭解全盤的狀況。再者，要訓練你自己可以隨時發表意見！

◆訃聞欄一定要過目

最後，你們知道以報紙版面而言最常被閱讀的是哪一種報導嗎？那就是死亡記事，其次是訃聞欄。社會版的死亡記事上，雖有許多演藝界人士、作家等所謂名人出現，但下一欄的訃聞欄上，則傳達著公司董事長或總經理階級人物的訃聞。

如果在這些訃聞之中看到了客戶及其相關人士的名字，那就必須準備列席告別式，不可以佯裝不知。這些訃聞可都是不知道就說不過去的重要情報。看到了認識的人的訃聞，要立刻安排致贈花圈，屆時並準時出席告別式。並不是存著「有誰會看到訃聞吧？」的心理，而是有心理準備自己發現了而通知大家。你們一定要養成每天都過目訃聞欄的習慣。

那麼，在此沒有觸及的廣播及電視，也要儘可能地去聽、去看！無論如何，我希望你們完全活用眼睛、耳朵、嘴巴等情報進入的部位，多看、多聽、多問。如果因生病而躺在床上時，應努力於藉由廣播蒐集情報。經常燃燒著向上進取的心吧！

第三章

成為人際關係的高手

1 下班以後的交往方式

公司中的人際關係並不容易處理。如果平日僅止於工作中的來往交際就可以應付，那就太好了，但實際上，這樣是行不通的。除了有志一同的夥伴一起做事之外，更不得不從事加入感情的交往。

◆建立人際關係的下班時間

公司職員的來往交際，並不是僅僅限於工作時間之內。工作之後的交往，必須重視所謂的五點以後的下班時間。只是強調：「上班時間以外的時間全隨自己的喜好安排。」即使受到邀約也一味地拒絕，就會被批評：「那傢伙是個不好相處的男人。」逐漸地被敬而遠之，最後變成誰也不願意來邀約。如此一來，對上班族而言極爲有用的公司內部人事消息或工作情報等等，完全聽不到。那就宛如被放逐到大海的孤島一般。上班族五點以後的下班時間，是寶貴的「交際應酬」的場合。

雖毫無必要做到將自己的一切事情拋在一邊的程度，但因為日本的上班族基本上是「小羊的集團」，所以必須考量群居才行。一旦成為從群體離開的一隻小羊（一匹狼還說得過去，但一隻小羊離群索居的話……），就很有可能被獅子、狼或鬣狗所吃掉。

◆飲酒適可而止，勿喝太多！

一說到五點以後要做什麼？結果很多人都會說：「要不要喝一杯？」然後到已熟稔的店痛快地喝。身體狀況不佳的話是另當別論，但一星期一次，或一個月二次左右的頻率，出席同事間的聚會，大概還算可以吧！此時，有與上司一起的場合；與男同事一起的場合；與前輩一起的場合；與女同事一起的場合等各種情形；有時，則是各種身份的人摻混在一起，整個課的全體人員都同時參加，這似乎也是非上班族則無法嚐受的經驗。痛快地喧鬧、儘情地享受吧！

不過，必須注意的是，勿太過於放鬆。一旦有醉意，就會自然而然地卸下面具、現出本性，逐漸地出現許多負面的話題，譬如工作的抱怨或上司的壞話（上司不在時）等。有人會說：「因為是酒宴，大家免不了吐吐苦水，這樣不是很好嗎？可以紓發心中不平的情緒呀！」這是大錯特錯的想法，仍應自制一下才好。

舉例而言，假定與上司去喝了酒。聆聽著部屬說三道四的上司應該會認為：「因為是輕鬆的酒宴，說說牢騷也是無可奈何呀?!」儘管上司心裡這麼想，但另一方面他卻觀察著部屬：「喝酒時會吐露真心話，那個傢伙在想著那樣的事情吧？」其中有非常冷靜的上司，一邊大聲吵嚷地喝酒，一邊觀察部屬的真心話。尤其是隨和的上司，更會經常邀約部屬去喝酒，讓部屬喝個痛快，讓他們吐露真心話，藉以掌握他們。要這種手段的上司，出乎意料地多。

無論如何，連喝酒時也守口如瓶一言不發，既不有趣也不尋常，很不吻合氣氛。人性並不是什麼大不了的東西，因此，多多少少說一些流言或壞話也不錯。否則，就反而會被上司所防範，時時警戒著你。總而言之，不要陷入這個境地。

◆所謂的卡拉ＯＫ，應是能輕鬆地交往的工具

最近，似乎有所謂的「卡拉ＯＫ招待」，卡拉ＯＫ正成為五點以後的下班時間的主角。最近的年輕人幾乎無一不唱歌，但是，也有人會說：「卡拉ＯＫ很喧鬧，我不喜歡！」「我是五音不全的音痴，最討厭唱歌了。」

然而，這畢竟仍會成為負面的影響。唱卡拉ＯＫ還是要隨意盡興，別想逞強出風頭。唱得劣拙就要有自知之明，唱得不錯也別太得意佔住麥克風，只要大家高高興興就行了。若輪到自己唱歌的順序則輕鬆地握住麥克風，絕不要拒絕，輪到別人唱歌了，也要立刻交出麥克風換人唱。

另外，老是淨唱同一首歌也表示沒有才藝，所以擅長的歌曲最好先準備十首左右。相反地，也有一些傢伙是卡拉ＯＫ的狂熱份子，喜歡獨佔麥克風。大家都很快樂地享受，才是唱卡拉ＯＫ的真諦，才是唱卡拉ＯＫ的最高境界。別忘了最多唱了三首歌之後就要交給別人，輪流由每個人表演，如此必定能皆大歡喜、賓主盡歡。

◆次數頻繁的麻將交際勿奉陪

曾有一段時間，五點以後的下班時間就某種意義而言是「麻將時間」。近來，不打麻將（不會打）的年輕人愈來愈多。然而，或說有人會說：「與其在客戶那兒等處唱卡拉ＯＫ，不如打麻將。」所以打麻將只要達到可以奉陪客戶、朋友的程度，做做交際應酬的工夫即可。

不過，一個晚上就輸贏數萬的麻將局對上班族而言是一個問題。次數的頻率最多一個月打三至五次左右。頻率毫無理由非常高時，最好偶爾奉陪應付一下即可，別過於接近麻將。無論輸或贏，一旦奉陪了，就註定是輸家，猛然警悟：「那個傢伙是大騙子。」結果薪水也賠光了。

◆高爾夫是預先投資的準備

「高爾夫交際」並不是在下班時間進行，而是一種假日的交際應酬。最近上班族之間也養成固定打高爾夫的習慣。每個月一次或二次受到星期假日打高爾夫的邀約，或是招待客戶舉行高爾夫球賽，打完高爾夫之後也準備好宴席（所謂的高爾夫招待），款待客人。因為耗費金錢，所以年輕的時候或許總是連打高爾夫的餘裕也沒有。然而，一旦預估將來（這也絕不是遙遠的將來），最好先學會高爾夫，這是未雨綢繆的做法，為自己往後的人際關係預作投資。

2 克服麻煩人物的方法① 上司

你無法與形形色色的人以同樣的感覺去交往。如果與對方很投契，那就能超越工作的範圍，使關係和睦。相反地，有時也非得與氣味不相投的人一起工作不可。如果這個人是上司，那該怎麼辦？

◆任何人都有麻煩人物

很遺憾地，人都會有一個不投契像死對頭般的傢伙。你們認為「怎麼也不想在一起的麻煩人物」，或是「他雖不是個壞傢伙，但和他合不來」的人，應該有一、二個才是。公司的同事、前輩及上司中，也一定有這樣的人。而且，學生時代與公司生涯的最大差異，是縱令覺得對方是很令人頭痛的人，也必須想盡辦法勉強應付。儘管棘手、困窘，也不能不去接近對方，保持良好的人際關係。

為了與這樣的頭痛人物交往，該怎麼辦才好呢？首先，就從與上司的交往來看吧！

克服麻煩人物的方法1　承認麻煩人物的存在

麻煩人物的種類一旦是自己的上司，那就非常不好應付。他們擺出睥睨一切的臉色，被瞪視的人會很不舒服，無論如何，不知道如何與他們相處才好……。這種情形，在此最重要的是清楚地認定：「那個人實在不好應付。」然後，認為無論是誰都有麻煩的人物。

如果有人說：「我沒有令人頭痛的上司。」那麼只要認為那個傢伙是蠢蛋，或是什麼工作也不做，或是完全抹殺自己意志的人即可。這樣的上班族是不夠格的。因此，首先認定自己會有麻煩的上司吧！

克服麻煩人物的方法2　尋找令人頭痛之上司的優點

如果認同了這一點，那麼接著該怎麼辦才好？老實說，這非常地困難。因為，儘管認同了也並不意味著令人頭痛的地方改正了。雖最好是及早離開那個部門，但事情不會這麼順利圓滿。因此，第二個良策是，努力於探索令人頭痛的上司所喜好的事物，瞭解其好惡。不管怎麼麻煩，也應該有一項或二項喜好的事物。尋找上司的優點，予以認同，並且，經常一邊看著這些優點一邊與其交往，只有做如此的努力，別無他法。

克服麻煩人物的方法3　熾烈地燃燒鬥志

儘管如此，在公司渡過一天的一半以上的上班族，與麻煩的上司交手過招是一種痛苦。縱令決定要往上司好的一面看，但原本對方令人討厭的一面就比較多，所以往往只看見對方的缺點，要找出優點也有困難。有鑑於此，往後每次見到那位上司的臉孔時，心中便高唱：「給我走著瞧！我不會輸給這樣的傢伙！早晚總有一天我會超越他，任意地使喚他，到時候看誰厲害！」即使如此的想法不正確，也不可以說溜了嘴，放在肚子裡即可，最重要的是心中抱持著如此堅定的意志，奮發向上。

克服麻煩人物的方法4　試著判斷上司的性格

試著作作看穿令人頭痛的上司性格的努力也很好。神經質的上司、暴躁易怒的上司、性急的上司……，試著以心理學的書籍調查上司是什麼樣的任用人方法。

人與人的交往畢竟仍不脫心理學的範疇。因此，一旦讀取了對方在想著什麼樣的事情，你這一方就可以巧妙地應對。因為不明瞭上司在想著什麽，所以才會覺得難以應對。因此，試著分析認為上司麻煩的理由，研究一下你認為有棘手的性格的上司，與別人交往是採取什麽樣的方式？是不是與每個人都不合？

◆帶著跳入虎穴的心情交往

從進公司到退休為止，你們會服侍十～五十個左右的上司。這其中或許約三分之一是令人頭痛的上司。好上司很少即是上班族的現實面。因此，一旦認為與令人頭痛的上司交往是件苦差事，那麽在公司工作就變成入地獄了。早一刻學會克服麻煩人物方法的人，便是勝利者。

我的經驗是，曾經有位課長對待部屬非常地嚴苛。為什麽要如此嚴苛呢？我覺得很納悶，便與那位課長一面喝酒一邊談話。於是，他為我說了一些不為人知的故事：「我自己曾經被繼母所養育長大。她是個極為嚴苛的人，連掉落飯粒，也會被她狠狠地痛罵一頓。犯了一點點小錯，她不會饒恕我。或許是如此的幼年經驗形成了我的人格吧……」

假使他的部屬知道這樣的事情，必定可以對他有另一番看法：「課長本質上雖是好人，但因幼年的經驗而變得如此不近人情，其實他是個可憐的人啊！」

由於人實在難以想像，因此，你這一方一旦喜歡對方，就要以心相待，感受到你的真誠，對方也會喜歡你。而一旦認為對方是個麻煩人物，覺得厭惡至極，那麽對方也會討厭你。因此，反之亦然，愈是不好應付的人愈要去靠近對方，試著與其交談、遊玩，一旦這麽做，有時就會發現對方出乎意料外與自己頗為契合。

只要放鬆心情親暱地開玩笑說：「其實我最初像對課長那樣的類型感到很頭痛，不太敢接近，覺得好討厭啊。」

當展開心胸、不拘形式地交往時，便可以做一邊喝酒一邊交談聊天的事情，拉近雙方的距離，更為親密。

在認為對方「真難纏」之前，各位別忘了試著積極地抓住機會，多去瞭解對方，找出對方的優點，欣賞其優點。從不同的角度去看人，你會發現每個人都有可愛之處。

與棘手的上司相處的方式

3 克服麻煩人物的方法② 前輩職員

如果是年齡差距懸殊的上司，那麼即使被說了幾句也可以忍受。然而，因年齡差距不大的前輩的粗暴態度而感到不舒服的人，或許不少。究竟應該要如何與之交往呢？

◆與愛算計人的前輩職員的交往方法

令人厭惡的前輩與令人厭惡的上司有很相似的地方，舉例而言，如果有如此的傢伙在你身邊，各位大概會認為「真是討厭的傢伙！」

□過度擺出前輩的派頭，隨便教訓人的傢伙。

□對上諂媚阿諛，對下嚴厲苛刻的傢伙。

□將後輩（部屬）的成績歸功於自己，帶著別人的功勞到上司那兒炫耀的傢伙。

□明明自己在玩樂，卻偏偏強迫部屬工作的傢伙。

一個公司裡都會有各種各樣的傢伙。今後你們必須想盡辦法與這些傢伙來往交際，即使勉強應付對方也無妨，因為就算是討厭的傢伙還是你的前輩，不可以輕率地對待。

克服法1　估計時間發飆一次

也有凡事都老實地說：「是！是！」的傢伙，對這樣的人上司往往會趁勢強迫他們做繁重的工作。這樣的話，身體一定支持不了，因此，有必要多方設法學會應付上司的方法。

因此，若提到該怎麼辦，則應衡量周圍沒有一個人在的時機，在前輩採取蠻不講理的態度時，好好地懲罰對方一次，讓其得到報應。並不是毆打對方，而是做「口頭攻擊」。這種攻擊只要一次即可。譬如像這樣……

「喂，去買一下菸！」

「前輩請不要派我去辦私事，請自己去買。」

可以的話，表現出強硬的態度，不輕易地屈從。一旦拒絕對方一次，表明態度讓其瞧瞧，對方就會認為：「那個傢伙不好對付。一不小心就會被緊咬不放，可別讓他找到把柄呀！」一旦對方有如此想法，其態度就會改變，更為正經嚴肅。不過，懲罰、報復前輩只限於一次。之後，即使被對方說什麼也要老實地聆聽。一旦懲罰、報復了一次，就會在前輩的腦海輸入對自己的印象，難以磨滅：「這個傢伙有原本的個性，一小看他就遭殃呢！」不久，就不會再派你辦私事，要求你做不合理的事情。雖不必一次就改正前輩的態度，但在逐漸地打擊前輩上很有效。

克服法2　倘若說不出口便以態度表示心意

不要淨是逢迎諂媚，試著突然地懲罰、報復上司一次，給上司瞧瞧你的態度，是使討厭的前輩噤聲不語的最佳方法。

然而，膽怯的人或許會擔心：「如果這樣，會不會反而受到不合理的虐待？」的確，也有前輩會很憤怒地說：「什麼！那個傢伙！敢不聽我說的話嗎？我要徹底地讓他晾在一邊，以後別想出頭！」但是，即使是面臨如此的對手，也要採取一次不順從的態度，不妨試一試吵一次架。如果認為在口頭上會輸給對方，那就不要放在心上，隨便對方怎麼說吧！這對前輩而言，也成為一帖良藥，能使前輩撤除心理防線，不再視你為仇敵。

不過，這畢竟仍是只限於只有討厭的前輩與你兩人時的做法。一旦有某人在場，前輩的自尊心就會受到傷害，要修復關係將永無可能。因此，再三地叮嚀你：要找機會行事。而且，接著要暫且擱置一陣子，然後別忘了道歉說：「前輩，最近實在很對不起。」只要一陪了罪，彼此之間僵固的心情就會一下子冰釋。

因為不可能由前輩主動來道歉，所以要由你去道歉。陪了罪和解的藥就起了效用，不會回復原本惡劣的關係！

克服法3　深入瞭解對方的心思

這是在與上司交往、相處一項敍述過的。有一句話說：「不要拒絕走頭無路的鳥。」意思是，對迷了路飛進家中的鳥，不要殺死牠，要給予珍重的保護。

也就是說，認為因為前輩令人厭惡對其敬而遠之，以致受到故意刁難，要改變想法，愈是討厭的前輩，反而愈要和藹可親地靠近其身邊，常到其部門去。貓等寵物一旦貼近你的腳邊磨蹭著，儘管會覺會厭煩，但還是很可愛的動物。就像這種情形一樣，一旦愈是討厭的前輩愈是尊敬對方，那麼討厭的人就變得不討厭了。

如果你說：「這樣我辦不到。」只好吵一次架了，你要選哪一個呢？

4 克服麻煩人物的方法③ 客戶

「顧客是神」，這是工作上人際關係的基本信條。然而，在客戶之中或許也有「如惡魔般的神」。儘管是工作，但默不作聲、極力地忍受的你，能一直就這樣忍受下去嗎？

◆全憑客戶的好惡做不了事

雖說是與主要顧客的交往，但年輕的時候擔任公司與客戶之間「窗口」般的角色，進行折衝的情形大概很多。然而，縱令不是負有責任的櫃檯工作，有時也應會碰上難纏的客戶，令你感嘆：「××貿易公司的B先生實在是不容易相處。」不過，不投緣或不契合並不需要多費唇舌解釋，這是我在此要說的老實話。

擁有自己中意的客戶，就有如在砂丘上撿到寶石一般。所謂的客戶，原本就是倨傲愛擺架子、自大自滿丟給你過分的要求及不合理的難題的人，只要這麽想，無論對方是如何難纏的人，你大概也不會生氣吧！

你那麽竭盡所能地為對方效力，但對方卻凡事採取無理的態度嗎？今後你應該經常會有此感受才是。然而，縱令對方有錯，也不得不遵從對方的意思行事。就算與客戶的業務負責人不對盤，你也只能徹底地配合，這個情形除了這種方法，別無他法。

◆為了磨練人格而必須儲備的精神食糧

然而，你大概還是會滿腹委屈、憤怒萬分吧。你有時或許會想：「再也不要去那樣的公司了！」雖只要派其他的代理人去接洽業務即可，但因為你還年輕，根本不可能辦到這樣的事情。結果，只好自己到外面去找工作做。

因此，你要在心中理解一點：「這是改正自己任性的絕佳機會，是鍛鍊精神面的機會，是提升人格的機會……。」採取積極的態度，凡事往好的方面想：「我遇上了好人，今天上了很好的一課。一個月之後又可以見面了。那個時候，又會更提高自己的能力了！」誠心地拜訪每位客戶。

因為對方也是人，所以你一旦誠心誠意地相待，對方理當會開始減少討厭的感覺及蠻橫的態度。一旦真正地深入瞭解客戶的心思，即使你提出無理的要求，對方反而會開始願意聆聽你的要求，而說：「我瞭解，我明白！請試著設法做做看吧！」「其他的工作也轉給你做吧！」再者，一旦工作確實順利圓滿，客戶就會開始打電話到公司來，指名說：「請派貴公司的A先生來我們公司。」

如此一來，就錯不了了，這不是正合你的心意？你會被自己公司的課長所讚許：「你非常受到××公司那個難纏傢伙的喜歡呢！」連在公司的評價也會隨之提高。

如果覺得與客戶不投契也是無可奈何的事情，還是一樣誠心誠意地為對方效力，那麼一定能讓客戶瞭解你的心意，被你所感動。

另外，無論你多麼年輕，到客戶那兒去時，並不是以個人的名義，而是背負了公司的招牌而去，你的責任重大，一不小心就會砸了公司的招牌。如果以「我可是背負了公司的一切責任呀！」的心情去接觸、對待，就不會說任性的話，而會開始想要多方設法被對方所喜歡。其結果，對方若爲你敞開了胸襟，則可高呼「萬萬歲」。以後生意的事情絕不成問題！

那麼，為了受到對方的喜歡，該注意什麼樣的事情才好呢？

◆受到客戶喜歡的六項鐵則

①遵守時間的約定

如果說了：「我在×點會去拜訪您。」那就一定要在約定時間的十分鐘以前抵達。再者，一旦約定了：「在×點以前可以完成。」也一定要在×點以前讓工作做完。萬一眼看著就要延遲工作的時候，也一定要用電話連絡。無論如何，應當遵守時間的約定。

②遵守商談的約定

如果交貨期限定在至×月×日為止，那就一定要那一天之前交貨。即使自己公司犧牲了利益、吃了大虧，也要遵守約定。即使原料價格上漲了，也一定要遵守最初的約定。

③以謙遜的態度說話

由於對方是出錢的客戶，因此一定要表現笨拙、不善於言辭的謙遜態度，乾脆、爽快地說話。縱令你這一方是出錢買材料的時候，也要以「請讓我買你們的材料」的態度對待對方。你們有必要採取「客戶即是自己的公司」的態度，以及自己是領受客戶薪水的態度。

④充分地發揮服務精神

舉例而言，偶爾以汽車訪問過對方的企業後，對方的負責人卻接著正要出門，像這樣的時候你要說：「我們同一方向，所以請上車，我載您一程！」即使要稍微繞一段路，也要讓對方搭便車，送上一程。如此的服務精神，會給予對方好感。

⑤電話要迅速地接起

對方打電話來時，要迅速地接起電話，採取「洗耳恭聽您的指教」的態度，詢問對方：「您有什麼事情，有何可效勞的？」

⑥對對方的無理要求採取寬容的態度

一旦成為你的買主，客戶就會仗恃著是出錢的大爺而說：「是我給你們買東西哪！」「是我給你們利潤呀！」於是有時會毫不客氣地延遲付款，提出不合理的要求。然而，這是無可奈何的事情。

你一定要採取「客戶是神」的態度，對自己嚴苛一些，而對對方寬容一些。絕對不可以發怒翻臉！

◆華僑為何成功了

中國的華僑，無論在世界的任何地方都能得到成功。根據分析其理由的人的說法，他們一致的結論是：「中國人最大的特徵，是在領到錢之前絕對不生氣。」即使再怎麼被客戶責備，眼看著就要被痛罵一頓，也笑嘻嘻地不當一回事，在領到錢之前絕對不生氣。換句話說，這意味著華僑是那麼堅持到底，對生意買賣貫徹始終。與客戶的交往，應徹底地貫徹始終。如果有如此的態度，那麼絕對可以給予好感。

或許也有人想說：「那樣的話身體就受不了。」不過，這又另當別論。只要私底下紓發情緒即可。至少像「哭泣的小孩連地藏王也沒有辦法！」這一句話一樣哭泣的孩子客戶也拿他沒輒，此時就要會出哭泣的法寶。年輕的時候與客戶交往或許很困難，但請銘記在心：公司與公司的交往即是如此這般的情形。

5 與女職員交往的方法

雖說是公司，如果鄰座有可愛的女孩坐著，對你說：「別將她放在心上！」或許比較不合理，也比較強人所難。然而，與女職員交往充分的謹慎小心是必要的。一旦失敗了，就會危及自己的飯碗。

◆因獨身或已婚而評價大大地不同

與女職員交往時，基本上，根據獨身者與已婚者周遭人們的看法會大大地改變。獨身者的情形，有時會被加諸「辦公室戀愛」的看法，視為今後將繼續發展，成為公司的夫妻檔，有一樁同事結合的美滿姻緣。相反地，已婚者一旦與女同事交往，扯出了感情的糾紛，這可就成為非常嚴重的問題了，不必說感情糾紛當然會掀起大風波，既破壞形象又影響工作。

◆獨身者的鐵則——倘若不喜歡就千萬別交往

獨身的時候，如果喜歡某個異性，那就順順當當、大方坦然地交往也無妨。但是，明明討厭對方卻窮追不捨，就不應該了。畢竟，一對情侶的產生還是要附帶著「彼此互有好感」的條件。儘管你喜歡的女孩有三個，若想要「腳踏三隻船」，則很不恰當。一旦這種行為曝光了就大不妙。

年輕的上班族被女同事扯後腿，因此而遭受失敗的例子多不勝數。前面我一直在談論與上司、前輩的相處方式，其實最困難的是與女同事的相處方式。年輕女職員、中堅女職員、上了年紀的女職員，無論選擇其中的哪一種對象，基本上，除非你是相當喜歡對方，否則與公司內的女性應該僅止於工作上的來往即可，而且，最好平等地來往，一視同仁。

另外，對女職員表現你的關心，最好也要公平處理。如果她生日時要送禮物，就要送給每一個人。給她幫忙工作時，也要同樣地給全體同事幫忙。即使追錯了對象，不考慮結婚，亦應該僅僅維持交往，不可維持肉體關係。一旦仍保有肉體關係，就會成為致命傷。

◆已婚者的鐵則——不倫之戀是致命傷

已婚者想當然耳，「千萬勿與女同事秘密交往」是毋庸贅言的。一旦自以為是、任意隨便地認為：「大家不是都在發展地下情嗎？」而做出隨便又不負責任的事情，牽扯感情糾紛，那麼就真正會成為致命傷。

另外，最近性騷擾問題愈來愈表面化，稍微調戲逗弄對方，或是以開玩笑的心情說出來的話，全部成為性騷擾，被當作大色狼看待。老實說，我雖認為男性們似乎也有做得稍嫌過火的地方，但這種資訊大量地散佈的結果，女性們也變得神經質。近來也有反制性騷擾的風潮，「該說的話就說」的口號叫得震天價響，女性一旦被男性調戲，都會立刻向上司告發。上司一接受了密告，就應叫本人來警告一番，有時更會向上級報告。

因此，基於「不觸犯鬼神，鬼神就不見怪你」的原則，還是少招惹女同事為妙，以免麻煩上身，與女同事有所來往時，應該極為慎重地考慮。

現在是這樣一個不得不小心處理男女關係的時代。雖不能說「別交往」，但與公司裡的女同事，最好僅止於工作上淡淡的來往，比較能保證平安無事。

◆與女職員交往的三項鐵則

①與女職員交往要平等地對待

這一點正如先前所說的一樣。

②去飲茶時並不是與特定的一個對象，而是同事結夥去

女性的嫉妒心、吃醋心很可怕，即使表面上微笑著，有時還是會在交託的工作上打馬虎眼、偷工減料，故意犯錯而嫁禍給得罪她們的人，諸如此類的事情並不足為奇。

③絕對不可以派女職員去做私事

「給我泡杯茶來」「給我買菸回來」「給我影印」等等，都是大男人主義的作風，不要使喚女職員做這些事。現在無論女性或男性都是一樣平等。尤其是年輕的男性，所以要自己動手做，不要依賴女同事，想讓他們服侍你們。相當忙碌的時候自然另當別論，但是，拜託女同事幫忙之後，一定要慰問她們的辛勞，犒賞她們一番。

6 中元節及歲暮的送禮方法

一般認為，中元節及年終送禮的習慣正逐漸地衰微，已不再流行了，但只要待在一個公司，遭些季節的確會受贈形形色色的禮物，那麼，公司裡的夥伴們也採取如此的做法有必要嗎？

◆日本的風俗習慣中，「禮物」是不可或缺的一部分

在日本，從二千年以前起就有中元節、年終歲暮送禮的習慣。尤其是江戶時代以後送禮的情形愈來愈頻繁，而目前日本人畢竟仍很重視這樣的來往酬酢。農耕民族，彼此互相幫忙、互相安慰，為了不破壞氣氛、傷害感情而平靜地生活著——這便是日本人的特質。

就連公司，大企業等也被稱為「○○村」。舉例而言，若是神戶製鋼便稱為「神戶村」，第一人壽則稱為「第一村」。為什麼要這麼稱呼，那

是因為公司更進一步來說就像一個「村莊」。村子裡若有人不服從村民們的協定，或做出違反行為時，不准村民們與他（家）來往的一種制裁，大家協定不理睬某人或某家。

在這種交際應酬之中，也包括了中元節或新年時送禮給一向照顧自己的上司。上司如果心想：「那傢伙雖年輕卻機靈伶俐！」那麼終究會讓上司寵愛，受到賞識。就算是高高在上的上司，也是一個凡人。他們如果收到禮物，一定不會心情惡劣。譬如看了收到的禮物，上司夫人若說：

「你知道C先生嗎？他送了北海道的荒卷鮭來呢！」

「因為那個傢伙是北海道人嘛。真的嗎？好像很好吃的樣子啊！」

「他是什麼樣的人。」

「年紀輕輕卻很機靈的傢伙呢！」

結果就會產生諸如此類的對話，上司也會產生好心情，對送禮者另眼看待。

最近一般認為應該廢止只重形式的虛禮，除掉中元、年終歲暮送禮的習慣，但送禮是原則問題。其實每個人內心真正的想法仍希望收到禮物，沒有人收到禮物會覺得不悅，擺出不高興的臉色。或許也有極少數的人收到禮物時生氣地說：「別來阿諛奉承我！」但大多數的人是不會發怒的。你們在生日時收到禮物時會覺得不痛快、心情不佳嗎？就連你們，在拜訪學生時代的老師時，不也覺得不帶禮物就不敢去嗎？對上司也是一樣。這是所謂的成熟大人的交際禮數。送禮成為人際關係的潤滑油。因此，在公司裡即使發佈「廢除虛禮」的文件，實際上大家仍會暗中送禮。

◆禮物要送比形式更能表示心意的物品

不過，我認為禮物最好合乎對方的心意，讓對方喜歡。並不是送百貨公司所賣的東西，譬如鄉下倘若採收青菜，那就裝一箱送給上司，或是老家為毛巾工廠的話，就送在工廠生產的毛巾被，或是老家為魚店，則送新鮮的魚……。

聲稱「老家在東京，父親是上班族」的你，並不是利用常用的「贈禮、答謝模式」，而要試著下某些工夫！比方說，調查上司所喜好的東西再送禮等等。試著贈送表示「誠意」的物品吧！

◆不用「寄送」而「親自送達」也很好

根據上司的不同，也有人討厭禮物「用寄送的方式送來」，但卻非常喜歡「親自到家裡來而收下禮物」。這樣的情形，最好是帶著中元節及新年的禮物拜訪上司，承蒙上司賜予一杯茶之後再回去。之後，上司的太太如果說出「那個人，給人感覺不錯喔！」的話，那麼上司也不會不悅了。從上司嘉許「不錯嘛！」的時候開始，你的人事評價也與被評上好分數發生關聯。在公司的走廊，上司會私下悄悄地向你道謝：「喂，你不太讓人費心傷神，不錯！」有時，則是從上司的太太那兒寄來賀年卡等信件，向你道謝：「太勞神了，不必這麼客氣，謝謝！」

另外，不同於此，到上司家裡去做客也不錯。如果事前請示過並約定好：「下一次的休假去府上拜訪可以嗎？」那麼上司一定會回覆：「好啊，偶爾來玩玩嘛。要不要也吃個便飯？」讓上司的太太、孩子認識你也很好。這樣的事情也務必試著做做看。儘管是公司的上司與屬下、前輩與後輩的關係，但畢竟仍是一種人際關係，只要以平常心去處理即可。

◆禮物是忠誠的誓約

上司面對送禮物來的部屬會判斷為：「這是部屬對自己誓約忠誠的行為表示，不會懷有惡意。」因此，與其說送禮是義務，我希望各位不如將它視為理所當然的事情。對因調職而必須離開自己部門的上司或前輩，應該買個五千～一萬日圓左右的餞別禮物，並包裝好送出去。如此的做法也是日本的風俗習慣，目前仍存在著。而且，我認為風俗習慣最好不要草率、馬虎地看待。

不過，有時因公司的制度不同，也會出現「絕對禁止送禮、收禮」的通告。你一旦在這樣的公司工作，卻做了抵觸制度的事情，就會導致反效果，所以應該小心謹慎。關於自己公司的制度如何一事，只要向數位前輩打聽一下就可以明瞭。

如果他們說：「可以不用送禮啦！」「絕對不行！」那麼就沒有必要送禮。他們回答「有送禮的人及不送禮的人，看個人情形啦！」的時候，以及「送啊，怎麼不送！」的時候，那麼，最好視為私下送禮的意思。

送　　禮

7 公關的任務及規則

公關招待是公司免不了的一環。雖交際費動不動就遭受白眼對待，但招待客戶與中元節、新年送禮一樣，也是配合風俗習慣之一。受命招待客戶時，你該怎麼做才好呢？

◆公關招待做些什麽事情？

年輕人或許認為：「我和公關的工作還扯不上關係！」的確，基本上你可能還不必打著公司的名義站在公關的前線招待客戶。按理一定是課長、經理、董事去擔任招待對方。然而，有時你或許也會被叫去招待客戶的地方幫忙。在此，來說明一下此時的心態吧！

案例1　餐廳

在招待客戶上，年輕人所做的工作首先是去買小禮物。當然，交際費是花公司的錢，因此要記得拿收據向公司請款。買回來的禮物裝載在上司的車子裡，自己暗中搶先一步趕到招待的場所。一小時以前先抵達是招待的原則。而且，那個地方若是餐廳則與老闆娘商量好。商量的內容，有抵達時間、出菜的方式、酒的種類等等。當然，場所的預約、什麼時候到、有幾個人、預算有多少……等等，要先在招待的數天以前商量好。

即使招待開始了，你也不進入招待場所。餐廳的候客室、休息室顧名思義是不折不扣的招待客人的地方。招待即將終了的時候，就將小禮物呈獻上去，此時一定要由上司之手幫你交給客戶。回家時到玄關處送行，送走了客戶及上司之後，付完了帳、收拾了善後再回家。

案例2　高爾夫球比賽

若是「高爾夫招待」，則應安排冠車、亞軍及參加獎的獎品，在球賽當天將這些獎品帶到現場是你的工作。球賽開始了，便要計算得分。你不可以揮高爾夫球桿，有時球掉落草嶺下方成為ＯＢ球，必須加罰打一球，你或許便要找球，也就是擔任「桿弟」的角色，讓客戶重打。

比賽結束的話，就在俱樂部所在地舉行頒獎儀式。扮演將獎品遞交給上司的助理角色。回程時，將等在玄關的客戶的高爾夫球裝載到車上，當然也是你的任務。

案例3　痲將

以痲將招待客戶時，你只能坐在一旁，從遠處觀望，不可作出看客戶手上的牌，向上司打暗號的事情。回家時要交給客戶隨手攜帶的小禮物。如果被上司吩咐：「給我買包菸回來。」那就去買菸，如果被吩咐：「去買一些吃的東西！」那就做送食物等差事。

◆收據是招待上不可避免的東西

年輕的業務負責人邀請招待客戶時，雖很少有，但有時你仍會擔任主角，被派任招待的工作，這個時候就輪到你表現了。你會獲得課長的許可，領受經費。如果超出了預算，這也是沒有辦法的事情，超出的部份也只有掏腰包、自行吸收了，你最好認為這些額外的支出是對將來的投資。不過，全額自掏腰包之類的招待，基本上最好不要做，付出犧牲到如此的地步去招待客戶，完全沒有必要。

另外，招待時一定要拿收據。像建築業界這樣的地方並不需要收據，這雖成為一種原則，但幾乎所有的公司都是以拿收據為原則，作為請款的憑證。也有公司的做法是，計程車等費用以公司的車票支付。

◆接待時說真心話是一大忌諱

相反地，你受到招待時怎麼辦才好呢？唯獨這個時候，你們要放棄不做吃吃喝喝交際應酬的原則，停止拘泥的禮節！一再地推託會被客戶懷疑你們的教育。此時應該反而考量對方的心情：「對方也用很少的經費給予我招待，盛情難卻啊！」適當地接受招待。

另外，在招待的場合上往往會說出真心話，洩漏了心意。重申一次，絕對不要過於盡興，一時說溜了嘴洩漏了內心真正的想法。不能守口如瓶，口無遮攔，有時就會突然說出不該說的話，譬如：「這個禮物原價是多少錢。」或是：「如果交易額達到數億……」這絕對是一大禁忌。年輕人接受招待時，對方心裡也有「很想向對方打聽出真心話」的企圖，不可以忘卻這一點。

假使你打算洩漏真心話，你的飯碗就保不住了。

8 磨練公關能力的方法

高明的公關招待是怎麼一回事呢？只要看看上司或前輩，似乎有人很擅長於招呼接待，有人卻很棘手於交際應酬。善於公關工作的上司或前輩，究竟都注意著什麼樣的事情呢？

◆招待客戶時的六項原則

有擅長於招待客戶的人，也有不擅長於招待客戶的人。當然，還是精於招待比較好。事物有背裡兩面，而且，只是在表面上貫徹所有原則，堅持己見到底仍有其極限。這時候，必須利用秘訣。招待也有種種秘訣，這是各位務必學會的重要秘訣，希望你們掌握訣竅。

①不談論工作的事情

因為招待有不為人知的用意、企圖，甚至有應該保密的「陰謀詭計」

，對方也早已瞭解這一點。無論如何，在接待客戶的場面非得極力避免激烈的商談不可。說說「魚幫水，水幫魚，兩相得利」或是「合作愉快」等家常話，使交談愉快，極力避免談論工作上的事情，是招待的禮儀。

②聆聽對方的希望

招待時若使對方的心情不愉快，則等於失敗、失去招待的意義。讓對方以宛如飄在雲端、被捧得高高在上一般的心情回去，是最佳的招待。因此，只要經費許可，最要緊的是聆聽對方的希望。

喜歡卡拉ＯＫ的人就招待唱歌；喜歡高爾夫就招待打球；喜歡相撲就購買比賽的入場券相贈；古典樂迷則招待至山得利廳聽演奏會；喜歡棒球的人，就準備有巨人隊出賽的包廂座位。就像這樣，一定不吝惜時間及精力努力去配合對方。

③不可以一起享樂

絕對不可以忘記的是，招待的一方若儘情地享樂，則招待便毫無意義了。尤其是年輕人很多的場合，有時會忘了招呼接待主客，連自己也一起享樂。雖一直拘謹呆板、緊張不安也很奇怪，但如果客人高興至極，百分之一百二十地享樂著，那麼你這一方最多只能以三十％左右的程度享樂，一定要記住別太忘情了。

絕對不可以變成如此的局面：主客一起飲酒、唱歌，最後不知道是哪一方在接受招待？雖與客人打成一片很好，但重要的是讓客人高興，不能只顧著自己玩。總而言之，不可以發生被客人挖苦說：「今天是什麼日子啊？幹嘛都是你在玩？」之類的事情。

④讓對方說話

在招待的場合上，你不可以喋喋不休說個沒完，一定要極力請對方說話。有藝人或同事、夥伴加入時，事前要先親自打點好，拜託他們：「今天有重要的客人，所以請設法讓客戶高興，幫幫忙。」然後，自己一定要委託不會太過嘮叨的人去招待客人。即使是客人，比起與客戶的年輕小夥子說話，與女性說話一定來得愉快多了，因此，不要多嘴多舌、愛管閒事，在與客人談話時，不該插嘴打斷對方，愛強出頭而凸顯自己。

說得誇張一點，只出錢請客而自己好像不在現場，做個好聽衆般的心情是最好的，只要做到這種程度，就恰到好處。不可以冷落了客人，讓客人暢所欲言，才是重要的原則。

⑤招待麻將或高爾夫球不可以贏過對方

招待客戶打麻將或打高爾夫球絕對不可以贏！

如果眼看著就要贏了，那就故意讓出牌而轉給客戶，打出OB球或打出觸擊球，無論如何都必須讓客人贏。以卡拉OK而言，即使你歌唱得真好，也要特意地唱得非常拙劣。絕對不可以超越客人的水準。

⑥勿怠忽招待場所的研究

招待場所也最好從平日起就先仔細地研究，瞭解哪裡是最佳的場所，先找出哪裡能以最小的經費產生最大效果的場所。再者，一定要經常設法打探得知對方的興趣是什麼？儘可能配合對方的興趣。

對方對招待很起勁，而想再列席參與，是放鬆心情、展開胸懷與主人親密起來的證據。因此，邀請客人招待對方，這樣就相當成功了。在招待的場合上最好不要滔滔不絕地談論工作等話題，也是基於這個理由。

◆對招待不起勁時苦口勸說對方的方法

對方總是對招待不起勁，不想再待在現場時，要這麼勸誘：

「F先生，我若一個人去喝酒，那自己就付不出帳啦，但是，如果和客人一起去嘛，就可以用公司的經費減少負擔，所以囉，F先生，雖說吃生魚片的配菜很失禮，但請偶爾與我來往一下好不好？」

試著施加半開玩笑式的勸誘看看。如此一來，有時客人就會一邊笑著一邊列席參與，愈來愈起勁，結果賓主盡歡。一旦擺出高高在上的姿勢，蠻不在乎地邀約：「請讓我招待。」有時連對方也會老是不起勁，沒有賓至如歸的感覺。

像這樣硬將客戶拉攏到招待場合的說話方式，非常地重要。客戶答應出席，即意味著非得答應商談不可，或是今後非得照顧生意不可，因此，對方心裡當然有所警戒。

為了鬆懈這種警戒心，務必學會巧妙的說話方式。在前輩或上司之中，應該一定有人熟諳這種說話方式，因此，只要試著詳加觀察那些人如何說話，大概就沒有問題了。

第四章
描繪計算過風險的生涯規劃圖

1 上班族的生涯規劃

年輕的時候，怎麼也考慮不到未來的事情。但是可別忘了，你們非得考慮自己的終點不可的時刻，總有一天一定會來臨。因此，為了不後悔，年輕時多想未來的事情，是必要的。

◆人生不等於公司

在你的周遭，往後若經過數年則會出現「結婚」或「即將結婚」的話題，你應該會開始收到結婚的喜柬。然而，我認為二十五歲左右的期間仍是獨身者很多。你或許也正處於仍與女朋友交往的時間，或是有一個「可以慢慢地考慮結婚」的她，開始出現的時期吧。

在如此的時期，身為前輩，我希望在此建議上班族不能忘卻的一件事，絕對不要輕忽自己的身份，那就是預先明確地擬定自己的生涯規劃藍圖。關於這一點，請最好不要認為「公司生涯＝自己的人生」，公司的人生並不等於全部的人生。希望各位考慮拓展人生，擁有餘裕做其他事，不再只為公司而活，賣命以終。

◆人生的目的在於享樂

公司的負責人一聽到就生氣的話，是所謂的公司的工作僅是取得金錢（＝過生活）的手段，而非目的。人生的目的，畢竟仍應是過著幸福、快樂的人生。無論如何，先考慮這件事，不要弄錯了人生真正的目的。

那麼，若說到公司生涯是其次，再其次的問題是對的嗎？則又不盡然。公司生涯也很重要，不過，要安排好公司生涯的時間表，而且，擬出具有餘裕的生涯設計圖。為此，從二十五歲左右的現在到退休之前（或是退休之後）為止，你要怎麼做呢？你想過這個問題嗎？請現在就先製作好龐大的生涯階段計劃。

舉例而言，「二十八歲結婚，三十二歲時有二個孩子。到了四十歲左右，就買房子。」或者，「三十歲之內取得××資格，建立人脈，三十三

上班族的生涯規劃

進公司儀式

●22 歲……進公司

●28 歲……結婚

●30 歲……孩子誕生

●32 歲……第二個孩子誕生

●40 歲……買房子

●48 歲……當上經理

●60 歲……退休

●65 歲……在國外生活

歲獨立創業。」擬定諸如此類的計劃。這個計劃是否能如願以償呢？這一點只要暫且擱置一旁，按照計劃行事即可，結果如何就撇開不談，只問努力與否。無論如何，希望你決定自己人生的節目，過著自覺的生活，時時檢查：「截至這個階段為止，我該做什麼？有什麼事尚未完成？」一旦忘情地拼命工作卻毫無規劃，只是盲目地亂闖，那麼，一點點的小風波也會引起大混亂，而人生也可能變得亂七八糟，毫無方向。為了絕對不致於有如此的情形，趁早先就自己的人生問題仔細地思考一次，是很重要的。

◆計算突發性的情況

在過著公司生涯的期間，會有各種風波發生。這些風波，就像一整年都吹著風一樣。如果吹起大風，有時非得在中途辭去公司職務不可。說不定你生了一場大病；或者，像最近的中高年主管級人員一樣，因公司的政策而被解雇，頓時失業。人生的規劃整個大亂，慌了手腳。

這時候，該怎麼辦？雖要擬定計劃，但總覺得實在困難重重，儘管如此，最好先將「萬一」放入腦袋裡思考。而且，如果考慮了「萬一」，無論如何，首當其衝最重要的「金錢」的存在，就會被強調、凸顯出來。即使棄置什麼東西而不顧，經濟上的支持後盾仍是生涯設計中不可或缺的一環，千萬不要忘了這一點！年輕的時候領了薪水就立刻用於玩樂的人很多，這雖不是勉強、沒有道理的事情，但絕對必須不浪費地使用金錢。

◆勿對體力過度自信

再者，與金錢同樣重要的是健康，上班族的身體正是資本。因此，希望務必投資在自己的身體上。二十多歲的前半段，無論生活怎麼亂七八糟也不成問題，但傷害身體的因子一定會從三十五歲歷經四十歲至五十歲左右，開始發作起來，愈來愈沒有體力。仔細地看一看，我們的周遭不是有許多以似乎很痛苦的表情訴說「這裡痛」、「那裡痛」的同事嗎？嚴重的人，更會導致癌症、成人病。雖生病是無可奈何的事情，但儘可能維持不易罹患疾病的身體更重要。

或許，有人會笑說：「哪裡想得到那麼遙遠的將來？」然而，以後若經過數年，就連這些曾經年輕的過來人，也會羨慕後輩的朝氣蓬勃、活力充沛。上了年紀就意味著走向下坡，面臨體力日減的處境。有鑑於此，至少要想像現在開始數年後自己的光景：毫無節制地喝茶、胡亂拼命地吸菸、通宵達旦地打麻將等等——這些事情偶一為之還好，但是應該恰到好處，適可而止。你們現在大概仍認為：「說什麼沒出息的話，抽菸喝酒很普通嘛。」一旦說這樣的話，總有一天你們會悔恨莫及。

2 五月病及六月病

五月、六月是新進公司職員迷惑的時期。一旦開始紓解了緊張，可以冷靜地看待自己的所作所為，就會愕然地發現：公司生涯與學生時代是非常不同的環境。然而，無論如何總得設法克服不適應，消除憂鬱症。

◆與憂鬱症相處的方法

進入公司，學生時代燦爛輝煌、多采多姿、希望無窮的人生就由玫瑰色一變而為灰色。既無暑假，又無寒假，從早到晚都被工作所驅使，像一部機器不停地運轉。失敗不被容許也不被原諒，經常得受到上司的叱責，工作接二連三地輪到自己身上來，自己所厭惡的標準型，所謂「模範生」的傢伙，無論業務上的任何工作，都要全部賦予你們，受到欺負。的確，工作可以領到薪水，但是，公司是以追求利益為目的，所以會不停地要求領薪者做事。而且，無能的人會不停地淘汰。即使讓這樣的人離開原來的工作單位，公司還是必須付薪水，因此，上司即使斥責激勵、高聲罵人，也要讓部屬工作。

一旦累積著如此的情形，重複不斷地過著同樣的日子，就會開始認為：「自己該不是不適合這個工作吧？」這個時期正值五月或六月，於是產生所謂的五月病或六月病。然而，這幾乎都是新進職員所罹患的疾病。因為生活有了一百八十度的大轉變，所以也無可奈何。

克服法1　認為大家都一樣逃不過

這種疾病並無克服法。不，正確地說，與其說「沒有方法」，不如認為它「與出痲疹」一樣，若不染上一次就無法免疫。進公司經過十年、二十年之後導致神經官能症，罹患神經衰弱之類的疾病，就很糟糕了。因此，毋寧早一點罹患這些疾病比較好。

前輩級的夥伴也都經歷過這種心理症狀，深知這些疾病的滋味，儘管如此，他們仍在工作崗位上工作。這麼一想，或許這種「人人無法免疫」的想法便成為克服五月病、六月病的最佳方式。一旦認為：「是不是自己異於常人，只有自己很差勁呢？」就會喪失自信，變成真正的神經官能症。因此，無論如何先要認為：「大家都是如此過來的。」

克服法2　與父親商量

第二個克服法，是與父母商量，我想在你們這樣的年紀時，令尊大人們泰半是上班族。問一問：「爸爸那個時候如何？」如此一來，令尊大人們大概會回答：「不，我們那時候也是如此過來的呀，並不好過喲。大家都是一樣，所以也是無可奈何呀！」如果你們心裡開始想著：「爸爸也是如此嗎？」那麼心情應該就會非常地輕鬆，陰霾一掃而空。

克服法3　與母校老師商量

第三個克服法，回到大學時代的老師那兒，找他們商量一番。由於老師進行就職的斡旋，擔任學生工作的引介人，因此經常看到許多回到大學來抱怨不平、嘮叨不休的學生。

有鑑於此，老師或許會給予你們適切的建議。再者，有時一回到大學就放心下來，有鬆一口氣的感覺（所以才稱為母校）。在那裡可以治癒憂鬱的心情，多多少少恢復一點學生時代的氣氛，並試著振作精神。最要不得的，是獨自一人在暗中苦悶、愁惱著。

克服法4　流汗

如果各位要做運動，最好徹底地活動身體，儘量地流汗。只要活動身體，陰鬱沈悶的心情就會暫時停息。這個方法，對紓解壓力非常有效。

另外，與公司的上司商量一事，乍看之下雖似乎很好，但其實非常地不好。因為，上司等於公司，無論如何都會站在公司的立場說話。如此的煩惱，最好與完全和公司不相干的人商量、談話。

如果憂鬱的情形變得嚴重，那麼只要去看精神科醫師即可。精神科醫師應會給予患者極為適切的建議，根據情況開處方給患者。

◆發現公司裡某些快樂的事情

就像以上所敍述的，如果罹患了五月病或六月病，一個人悶在家裡不出門，不找人商量，只是獨自煩惱，那是不行的。用「認為大家都是如此」、「找人商量」、「到外面走走」的其中一個方法，便可以克服。在這麼做之中，理當愈來愈習慣公司的環境，早晚總有一天會治癒。事實上，我的情形也是如此。

最要不得的，是拒絕到公司上班。即使心想：「今天不想去公司。」也一定要去。一旦養成請假的習慣，就會一直如此下去積習難改。因此，無論怎麼辛苦，好歹總得掙扎著到達公司。雖有一句話說：「職員出去的話就擔心得不得了。」但若完全照著上司的意思，乖乖地坐在桌前，則也令人擔心會不會悶出病來？

另外，無論工作或公司都應該有許多有趣的事情，有時因為鄰座的女同事很可愛，會希望天天去公司向那個女孩介紹自己，讓她認識自己。既有因為員工餐廳的食物很美味而想去公司的人；便有為了在公司旁邊的咖啡店喝一杯咖啡而想去公司的人；更有為了與公司感情融洽的朋友而去公司的人。每個人去公司的理由都不同，只要能使自己愉快都無妨。

總而言之，不要淨是考慮辛苦的事情，要多多想一想快樂的一面。而且，藉由思考快樂，可以克服辛苦。

我希望你能超越困難，樂在工作。並不是只有你自己面對這些困難、挫折，大家都是如此，毫無例外。

克服壓力的方法

3 被責罵時的心情轉換

被父親當作寶貝養育成人的你，以往說不定從未有過被責罵的經驗。一向受盡呵護，在公司卻被完全不相干的別人怒罵，呼來喚去。剛開始大概很吃驚吧。然而，絕對用不著恐慌。

◆被責罵是新手職員的家常便飯

你要認為：每天被叱責是年輕職員的家常便飯。自己明明根本無意犯錯，卻偏偏被叱責，是常有的事情。而且，基本上這樣的時候絲毫沒有心情轉換等方法，無法改變惡劣的情緒。似乎，被冷酷無情地排拒了的感覺，即是此時的心情。那麼，該怎麼才好呢？

心情轉換法1　認為被叱責也包括在薪水之內

第一項，應該聳聳肩膀等待風暴從頭上通過。被高聲責罵時，只要想著其他的事情，心不在焉地：「呃——，您在說什麼？」就可以了。上司的薪水裡，也包含了叱責部屬，督促部屬力求盡善盡美，而你們的薪水中，也加入了被叱責的代價費用。如果扣除各種稅款及費用之後，實收六萬元的薪水，那麼有一萬五千元左右是被叱責費。只要這麼想就好過多了。這麼一想，即使受到責罵也無須悲觀難受。

心情轉換法2　即使受到叱責，也心想著「真感謝！」

年輕的時候犯錯是無可奈何的。儘管迫不得已，但沒有一個上司會說：「因為你還年輕。沒關係！沒關係！」之類的話，上司畢竟仍會責備說：「你搞什麼鬼！？混帳！你這種人最好給我滾出公司！」

然而，這樣嚴厲地責備你，給你警告的上司才是好上司。由於上司當場紓發了憤怒的情緒，因此人事考核會極為公平地處理。相反地，即使你做了什麼錯事也不叱責的上司是可怕的。因為他們忍受著想要責備部屬的情緒，壓力便累積下來。有人說：「話不說出來，心裡會憋著難受。」正如這句話所言。上司不當場責備，會在人事考核上發洩怒氣。

因此，吹毛求疵的上司要好好地珍惜。要認為會責備的上司是關懷你、為你設想的親切長輩！如此一來，不但能轉換心情，而且還能充滿感激的念頭：「謝謝您，請再罵我吧！」有言道「雨後春筍」，據說筍每次在一場雨之後就生長一點。就像「雨後春筍」一樣，認為：「下雨了（被罵了），這樣就又可以成長了。」只要認為：「為了讓筍迅速、猛力地生長，雨才會降下，為了讓我成長，上司才會責備我。」那就容易釋懷了。

心情轉換法3　熱衷於興趣

即使改變心情的狀態，有時也會無法釋懷。這時，要投注於自己的興趣，專心致志於一件事可以分散注意力，打柏青哥、喝喝小酒、交女朋友、打網球、打麻將……什麼都可以，做喜歡的事即是。不要悶悶不樂，儘情地發洩情緒吧！對上班族而言，可以紓解心情是一種能力。一旦做不到這件事，上班族的工作就會使人感到沈悶、憂鬱。愈是能巧妙地轉換心情的人，愈是能尋找發洩情緒的管道，上班族生涯愈是快樂。

心情轉換法4　向上司質問

「轉換心情」這個名詞是不是意義很好呢？這雖是一個問題，但在犯了錯時並非只坦然直率地點頭：「是、是，我錯了！」試著詢問上司：「××和○○我是這麼認為，所以才會這麼做。」也很重要。這並不是表示採取反抗的態度，而是表白自己的想法，質問上司為何責備自己。

至於爲什麼要提出問題質詢？因爲，有時自己並未察覺自己犯了錯，而自以爲：「這不是正確的嗎？爲什麼還被責罵？」這時，不可以勉強自己說：「是、是，我錯了！」而要與上司溝通，淸淸楚楚地告訴上司自己的想法，質問對方自己哪裏做錯了。

因此，要質問上司說：「課長為什麼責罵我呢？」這樣說不定會被大罵一頓：「混帳，連這樣的事情也不知道嗎？」但是，如果不採取反抗的態度，上司儘管憤怒不已，仍會敎給你：「這件事是這樣的……」雖同樣的事情問了好幾次而被對方叱責是沒有辦法的，但質問一、二次上司也是被容許的。

而且，如果弄清楚了被責罵的理由，心情就會出乎意外地開朗。

最後再說一句，絕對不可以反過來對叱責你的人懷恨在心。要認為給你叱責的人對你而言是個寶物。

4 長期因病缺勤的重大危機

因為是人，所以都會生病。誰都不希望變成如此，但這也是無可奈何的。然而，公司並不這麼認為。不，或許公司會認為導致生病是沒有辦法的，但之後的處置、待遇便成為問題。

◆影響升遷、不影響升遷的缺勤

坦白說，因病缺勤會影響職業的前途，長期因病缺勤的人（由於生病不得不然），人事評價上會被打上不好的記錄。縱令工作上再怎麼能幹，一旦有長期請病假的記錄，在升遷上也就比別人來得緩慢。而一旦落後於人，更會從上班族的仕途中離開，被排拒於外。

菊池寛曾留下一句名言「無事是名馬」，意思即，可以做了不起工作的人若長期因病缺勤，則結果將會遠比只做普遍的工作、從不請病假的人更早出人頭地。這與「龜兔賽跑」的故事是一樣的意思。

不過，疾病也分為三種。①去滑雪時跌倒、骨折而缺席三個月。②因內臟疾病而缺席。③因精神上的疾病而缺席。等三種情形。

其中，①事故的情形有時並不太影響前程。至於為什麼？那麼因為可以預見將會完全恢復健康。雖就給公司帶來困擾而言，也許升遷上會慢一點，但「追趕是有效的」。所謂的「追趕是有效的」，意思是說即使一時落後於人，但藉由比別人更努力二倍、三倍地工作，仍可以追趕、超越別人。因此，將長期缺勤作為動力，可以努力加油趕上別人。

另一方面，②、③這兩種情形縱令治癒開始上班，仍有「不知何時又會復發？」的不安，即使身為上司，也必須以提心吊膽的方式任用他們。一旦眼看著就要承受不了繁重激烈的業務，就會被判斷為不能委任太重要的職位，老實說，這無疑等於被判出局。

因此，因內臟或精神上的疾病而長期缺勤，知道自己已經升遷無望時，如果儘管如此仍希望有所出息，那麼，最好別再待在這家公司，及早轉移陣地，或是自己獨立創業，你應該好好地考慮這些事情。

相反地，自己基於身體健康不佳的理由以致絕望於升遷，也還有一個選擇的方法，那就是選擇緊緊地摟抱著「在這家公司表現不好」的工作態度，直到退休為止。

無論如何，所有疾病並不僅不利於上班族生涯，對自己本身而言也非好事。希望你們務必注意不要生大病，以免因長期缺勤而誤了前途。

◆因感冒而請假也不恰當嗎？

「因病缺勤」可以一概而論如：罹患流行性感冒，休息一週或十天。因為是人，所以都會有如此的情形。況且，因感冒而請假一天，因頭痛而請假一天，任誰都會有一、二次。這也會影響升遷嗎？你根本用不著擔心。這些事情可以不用列入因病缺勤的情形而考慮對前途的影響。上班族之中雖有直到退休為止從未請過一天假的「強人」，但極其稀少。因此，不必變得神經質，只要不長期請假即不成問題。

那麼，長期請假缺勤的定義是什麼呢？以大企業的情形為例，意味著請假缺勤超過一個月以上。這種情形最好認為對前途還有些微影響。再者，請假一週以上，診斷書就有其必要，診斷書才能證明自己真正生病了。

診斷書一般而言必須是公立醫院的。或者，自己公司的駐診醫師也可以作為證明。不可以忘了取得診斷書有一定的手續，要確實地遵循此手續。

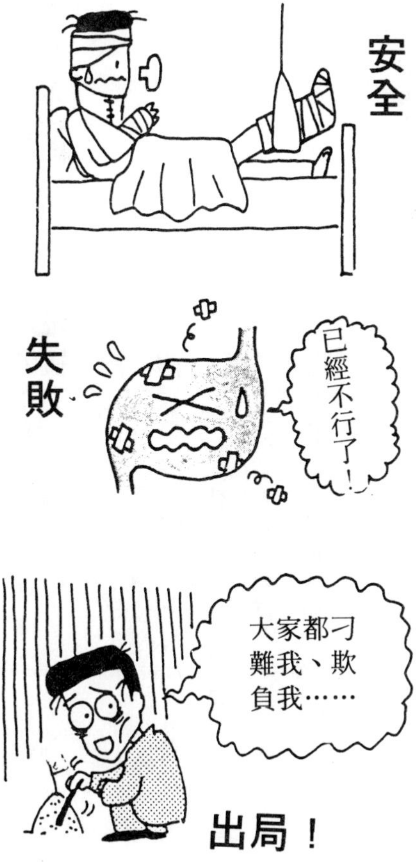

5 如果被貶降了該怎麼辦？

一旦成為社會人士，你或許會心想：「根本不會那麼快就被貶降吧？」但現在，每家公司都實行「大換血」行動。此時發生什麼事情並不奇怪。貶降雖是每個人心裡要有所準備的常識，但貶降是什麼意思呢？我們來研究一下吧！

◆當你被貶降時

被降調有幾個理由，若試著列舉其理由，則如下：

①性騷擾事件。

②在工作上犯了大錯。

③反抗上司。

有時，被貶降的理由或許是全然意想不到的情形。這或許和調職或分派單位時一樣，你完全無法預測，事到臨頭也只能認為公司的決策。也就是說，不知道公司是否故意地貶降自己，而要你不斷地往上爬升？就某種意義而言，公司像獅子爸爸媽媽，將小獅子推落山谷底，讓其自己爬上來那麼做，以試驗你會採取什麼樣的態度？

◆如果被貶降了該怎麼辦？

不管是哪一個原因，一旦被貶降了該怎麼辦？此時的選擇只有三項。

一、死心、放棄

要認為：「無可奈何，對升遷我已經死心啦！」被通知貶抑時，要以淡然處之的態度繼續做事，毫無大過錯地從事工作。

二、賭注於敗部復活戰

被貶降，任何人都會受到莫大衝擊，但是，一經過二個月就可以恢復原狀，重新站立起來。因此，應該反省的方面就要反省，往後的日子要更加努力。「總有一天我要敗部復活回到原來的位置！」試著以如此積極進取的態度，將屈辱作為奮發向上的動力。

在《日本經濟新聞》的「我的履歷書」等專欄裡有一些實例，雖年輕時候觸怒了上司、犯了大錯會被貶降，但也有人因此而奮發向上，並且再度承蒙上司拔擢，甚至攀升到總經理的位置。

事實上，有變成被貶降，也有不致於落得如此下場的時候，年輕時候如果被貶降，因心中不平而鬧彆扭，那麼，往後的二十年或二十五年就非得一直滿腹委屈地待在公司不可。有一句話說：「屋漏偏逢連夜雨。」一旦動不動就任性地嘔氣，在這種情形之下工作，就會犯更大的錯，又再被貶降至二、三個地方，被一腳踢到最遠、最差的地方，被丟在閒職不顧死活，淨被派到嚴酷的上司那兒去……等等，總而言之是被又踩又踢。因此，縱令被貶降也要奮發向上，即是基本原則。

三、跳槽到別的公司

無論如何自己都無法理解、接受被貶降的事實時，或一部份極為保守的金融公司之類，沒有所謂「敗部復活戰」的公司時（唯其如此，這些公司都會有暗中的基本方針，犯了一次錯的人就不任用），最好是痛下決心地改行，或是只有自己獨立創業一途了。

作家森村誠一先生，大學畢業之後曾就職於飯店，他被分派到櫃檯，受命擔任服務員的工作。他一鞠躬說道：「歡迎光臨！」就被客人命令：「喂！服務員，給我搬運行李！」客人像要抓住他似的，毫不尊重他。

這是他二十多歲時的事情，而森村先生在自傳裡寫道：「現在一回頭看，我覺得是將這段艱辛、卑屈的日子當作發憤圖強的動力，今天自己才能成為一名小有名氣的作家。」

如果愁悶鬱抑，在公司過著漫長乏味的日子，那麼，就沒有理由不狠下心去考慮跳槽的手段，畢竟這也是一個改變現狀的方法。

•

無論如何，為了避免因自己而製造貶降的原因，基本上不能犯錯，要規範自己。然而，在漫長的上班族生涯之中，有時或許會遭遇一次或二次如此的痛苦經驗，陷入困境，這一點最好銘記在心。那麼，此時應怎麼做呢？只要銘記危機意識，設想到被貶降的處境，你的上班族生涯大概就沒有太大的問題，即使遭遇挫折，也懂得如何自處。

6 轉業的決斷及心態

有一陣子「第二新兵」這句話很流行。這個名詞，是指進公司後不久很快地轉業的年輕人而言。他們說「轉業是天經地義的」，實際上又如何呢？我們接著便就轉業來思考一下吧！

◆沒有差別的轉業絕對別做

在你們之中，雖不至於說「轉業是理所當然的，沒什麼好大驚小怪」，但或許有人是以「一不爽快就可以辭職」的想法，到公司就職上班。的確，若和以前相比，改行變得容易多了。辭去公司的工作，並不會伴隨著愧疚，也不會擔心後果。只要一看最近的中高年主管階層的指名解雇現象，終身僱用制度似乎也就不值得太驚小怪了。像歐美這樣圖謀藉由換工作而提高經歷豐富性的時代，是不是即將來臨了呢？

對這個問題，我的答案是「不」。在即使新近畢業的社會新鮮人，也愈來愈不容易就業的時代，儘管不想要辭掉公司的工作，如果突然莫名其妙地被撤換。那麼必須到條件愈來愈差的公司就業，職位愈來愈低。雖或許社會的景氣會再度恢復，人手不足的時代會再度來臨也未可知，但基本上，換了好幾家公司，仍無法保持良好形象，會予人靠不住的感覺。

大概也有人會說：「有這種想法的人是老古板。」然而，如果看一看現實的情況，便可發現嘗試轉業而獲得成功的人，只佔二成左右。剩下的約八成的人，即使轉業也沒有長久持續下去，而一再重複「又換公司」，得到所謂「轉業癖」，再也改不了一年到頭經常換工作的習慣。而有人職業經歷長達二十、三十年之久，也很有可能做這樣的事情。雖也有像森進一那樣運氣佳、能成功地當上歌手的例子，但並不是每個人都那麼幸運，改行成功的機率，畢竟一萬人才只有一人而已。

因此，輕率地轉業絕對不被鼓勵。因為，輕率的轉業決定導致陷入悽慘狀況的可能性極高。

的確，像歐美那樣的社會，如果你不是待在終身雇用制度的公司，而是待在愈是頻換工作愈是證明自己的能力，愈顯得能力被承認、被賞識，而在經歷上鍍上一層金的公司，那麼每次被撤換職位或主動換工作，條件或許會變得更好。然而，在日本或其他國家尚未達到這個程度，上班族都終身待在一家公司，不敢輕易地換工作。

◆可以轉業的三種情形

儘管如此，但並不意味著絕對不可以轉業。如果試從所有層面去檢討，而結果認為仍是辭職比較好的話，我想此時或許可以下定決心毅然決然地跳槽吧。那麼，所謂的可以辭職的狀況，是什麼樣的狀況呢？

①感覺「將會一直像現在一樣生病下去」時

與其生病，不如換工作來得比較好。再者，眼看著即將變得神經質、導致神經官能症的時候，或是想到「我是不是要死了？」的時候，請換工作，甚至轉業都無所謂。

因為生命是至寶，所以最好跳槽另謀出路。

不過，希望各位有如此的覺悟，就像「別人家庭院的草坪看起來很綠」這句話一樣，別的地方看起來似乎總是比自己的地方更好，更有樂趣。然而，一旦實際進入其中一窺究竟，就會發現沒有太大的差別。

一般認為，凡是所謂的工作並非全都是快活、安樂的，倘若工作與興趣極為吻合，那就是至高無上的幸福，但這種幸福，也是大約每一萬人中才有一人能擁有。

②擁有成為個人武器的技術或執照時

擁有某種資格或技能，有時也會基於想要善加利用的正面想法而換工作，這樣也很好。不知為何總覺得很厭惡現在的工作環境，或是厭惡上司，而一旦以如此的負面想法跳槽，即使到哪家公司去，也終歸會落得同樣的下場，結果仍是不快活。

如果你取得資格，學會技能，機會眼看著就要來臨時以「好呀，大幹一場吧！」的態度跳槽出去，那麼我也不反對。

③體力、氣力很充沛時

因為年輕時有體力也有氣力，所以既然要轉業，最好是趁著年輕的時候。再者，如果是獨身未婚，那麼即使經濟上很拮据困苦，大概也可以設法擺脫窘境。

然而，機會只有一次，一旦有二次、三次、四次，這就有問題了。三番兩次地改行是一種疾病，會令人無法信任，也無法證明自己的能力。

我們的公司裡，也經常有人來對我說：「希望轉業。」至於此時應視什麼情況而決定要不要讓來人辭職呢？一是換工作的次數，二是換工作的理由。如果是第一次的換工作，那還可以考慮答應，並且，要仔細地觀察換工作的理由是否積極向上？

轉職多的人，看起來不太認真、正經。姑且試著見面一看，若相當優秀則另當別論，但是，對這種人還是要抱持著懷疑的態度，考慮：「頻換工作的人是不是大部份吃不了苦，無法忍受一丁點委屈。」事實上，來要求辭職換工作的人多半心懷不平不滿，滿腹牢騷。雖本人似乎認為自己具有相當的能力，但他們並不明瞭，以那種程度的能力而言，在日本是公司得手就可以捨棄不顧的程度。

由以上可以得到如此的結論：基本上最好不要任意地換工作、改行。如果真要換工作，年輕時候只能有一次，而且這一次改變「積極前進的態度」也成為一項條件。

如果要轉業時……

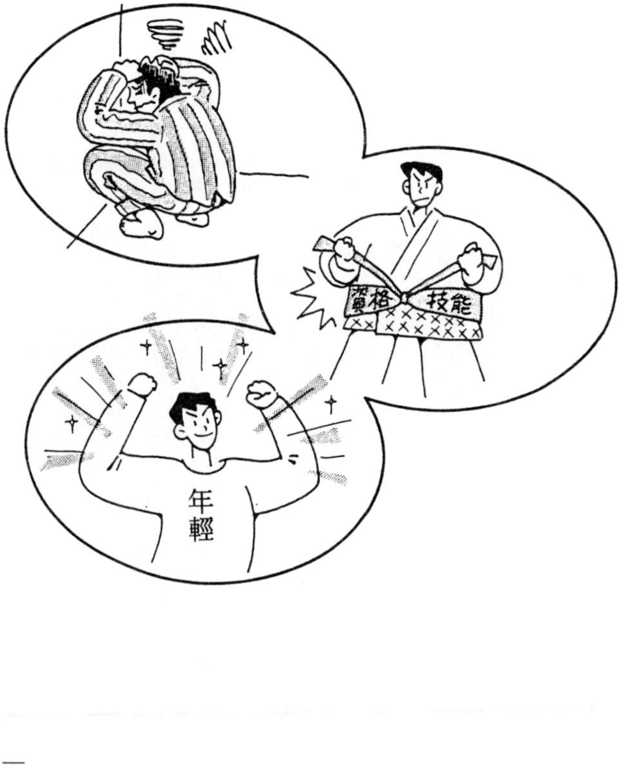

7 儲蓄最好預先扣除下來！

自己所賺的錢要如何使用，可以全憑喜好、任意隨便?!不能從年輕時候起就老氣橫秋地說：「存錢」之類的話，像個老頭子似的?!這是大錯特錯的想法。金錢不管有多少也不必傷腦筋，應該大大地儲蓄。

◆金錢是具價值的商品

金錢是如何重要的東西呢？就連曾經領受來自父母的零錢，藉由打工賺取玩樂所需的錢，這些有錢的學生們，或許現在一點也不再感受到那些金錢的價值，不覺得每一分錢都值得珍惜。然而，一旦成為社會人士，開始一個人重複不斷地工作，就是當覺得金錢愈來愈少，常感手頭拮据的時候。因為，每天不能穿戴同樣的襯衫及領帶，也有與公司同事的交際應酬。你也想要結婚，又希望擁有孩子。被邀請參加朋友婚禮的次數開始逐年增加。即使你換了工作，一文不名，總是難以換工作、轉業改行。各種各樣的情形裡，金錢的確愈來愈有必要。

次於健康的重要東西，可以說是金錢。不，現在的時代下由於不同的狀況，有時或許連生命、健康都可以用金錢買到。

我這麼說，難免被認為有「拜金主義」之嫌，但因為事實的確如此。雖我的意思並不表示金錢本身特別有價值，但若考量到金錢是總括一切價值觀的一種商品，則大概便可以說金錢是最重要的商品吧，金錢儘管不是全能的，但它可以買到自己所需要的物品，仍有其價值。

◆如果什麼都不做，就存不了錢

正因為是使用便利的東西，錢總是存不住。往往存了一點錢，又不知不覺地用掉了。從很早以前便常有人說：「收入的二成要儲蓄起來，以備不時之需。」自江戶時代開始，建立明治、大正朝代及創辦偉大事業的人們，都絕對不是某一天突然成為成功者，而是首先存夠了本錢之後才開創事業。

創立奧達飯店的大谷米藏先生，據說最初即是從勤奮不懈地賺錢、創造財富開始，才建立大的事業。他的方法是將要存起來的錢先從薪水裡扣除下來，保持一定的儲蓄，據說，他將薪水的二成扣除下來，拿去儲蓄。這就像「聚沙成塔」一樣，在不知不覺之間，他積少成多地存下一筆大錢。有了這筆錢時，他就下定決心投資，不斷地建立財富。

◆存款先從薪水扣除再好不過

如果想要存錢，那麼最好務必學習大谷米藏。方法雖非常地不可思議，但一旦存款先從薪水裡扣除下來，人就可以死心，放棄花錢的念頭。很奇怪的是，一旦從被撥入銀行帳戶薪水裡存下錢，不知為何總覺得很可惜，於是心裡開始對自己說：「這個月有各種各樣開銷支出，所以暫停存款吧！」等等，即使永遠都能維持平衡，但仍存不了錢。

因此，痛下決心將薪水的二成左右扣除下來，存入公司內部的存款專用帳戶，作為投資。二十萬日圓的二成是四萬圓，從一開始就先將這四萬圓扣除掉，實收額即是十六萬圓——這麼一想，就應該會斷了動用全部薪水的念頭。而且，至於實際上用二十萬圓生活與用十六萬圓生活有多麼大的差別？則我要說只有去喝酒或不去喝酒的差別而已。雖有十萬這麼多的差別就相當不同了，但四萬圓左右的差別並不是了不起的事情，對生活應該不會造成太大的影響，只要稍微儉省就一樣可以過日子。

儘管如此，在另一方面仍會形成極大的差別。也就是說，用預先扣除一部份薪水所存下來的錢，一經過三、五年乃至八年的期間就「荷包滿滿的」，不知不覺之中就逐漸地變成五百萬圓或一千萬圓的鉅款。如果產生如此的資金，就可以將這些本錢投資於有利的信託基金等投資工具，更進而創造大筆的金錢，作為往後創業的資本。如此一來，一切隨即往好的方向循環，永遠不必為了缺錢、缺資本而傷腦筋。

◆在一生之中都考慮現在

年輕的時候，或許怎麼也無法理解「考慮現在」這樣的事情，不覺得其重要性，但是，若不實行它很快就會形成極大的差異，開始出現與別人不同的境遇，很可能一個人有一億元的財產，另一個人卻連五百元也沒有，同樣的薪水，別人已有房屋、車子，自己卻需借貸度日。

各位大概都知道「螞蟻與蟋蟀」的故事吧？雖人若像螞蟻一樣光是辛勤工作是不可以的，但像蟋蟀一樣每天淨是跳舞作樂也是不行的。

現在一般認為人應做所謂的「螞蟻蟋蟀」，也就是採取螞蟻與蟋蟀之間的中庸生活態度。年輕時候，螞蟻的成分佔七成，蟋蟀的成分佔三成左右即可。上了年紀的話，則各佔一半，即將面臨退休的話，則改變為螞蟻一成、蟋蟀九成。或許有人會認為：考慮現在開始老後的事情未免太早了，但倘若想要迎接悠閒安適的中高年，那麼我認為最好考慮現在就變成螞蟻，努力地工作。

再重複一次：聰明的儲蓄方法，最好是先從薪水裡扣除，存進銀行。大大地利用不可思議的性質吧！人都有儲蓄的潛能，只要努力，成就將不可限量。

你是螞蟻嗎？你是蟋蟀嗎？

8 結婚與離婚對工作的影響

結婚是人生的一件大事。而且，離婚就某種意義而言也是一樣事關重大。在公司裡，有時會因結婚或離婚而使立場產生微妙的變化，婚姻狀況並不單單是私人的事情而已。

◆不結婚將會如何？

無論是男性或女性，近來一般人都開始認為愈晚結婚愈好，於是有所謂的「結婚年齡高齡化」。雖晚婚的情況，原因形形色色，不一而足，但另一方面社會上「非得結婚不可」的制約開始鬆懈，似乎也是原因之一。人們不再受傳統觀念的制約，認為一定要結婚。

然而，一旦在公司工作，為公司效勞、賣力，已結婚的人與未結婚的人之間，有時會被區分開來，而有差別待遇。如果不結婚，那麼將會如何呢？

①無法當上女性較多的職場的負責人

或許這是相當特殊的例子，但的確有這樣的事情。比方說，在人壽保險公司等場合，未結婚的獨身男性不會擔任營業處長，站在使喚女業務員的立場，達到主管的地位。

至於為什麼會如此？則原因不外乎是一個營業處有十五～二十個之多的女性在工作，更多的地方還可能有五十個之多的女性職員。

在這樣的地方，獨身男性一做到營業處長的位置，就一定會發生某些麻煩、糾紛。雖公司明瞭是什麼樣的問題，但為了預防這樣的問題，形成了「除非是已婚者，否則不能擔任營業處長的職位」的制度，結果在升遷上就吃大虧了。

②被上司強迫相親

除了①的情形以外，儘管未婚但在公司裡仍受到不利的待遇，也並不是特別的情形。

當然，已經四十、五十歲還是單身者另當別論，但即使到了三十四、五歲仍未結婚，並不能說特別不妙，不必擔心（由於近來人們特別晚婚）

，在四十歲之前尚未結婚的人，可以認為是平常的事情，晚一點結婚沒什麼不好，順其自然即可。

不過，一過了三十歲就會被上司詢問：「你還沒有結婚嗎？」這就像例行的公事一樣，不必在乎，一到了三十三歲左右，就會被冷淡地質問：「你是不是哪裡有缺陷啊？」或是被上司及客戶質問：「有好的相親對象，要不要見面看看？」被強迫相親，不管你喜歡或不喜歡，有時也會被追逼而陷入不得不結婚的狀況。因此，如果掌握了自己所喜歡的女性，想要結婚的話，那就最好在二十歲至三十歲以內結婚。

③擔任主管的適任與否，被打上了問號

一旦一直到很晚保持獨身身份，在採用主管時，上司就會出現一些猶豫，無法決定是否採用。一旦在家庭方面不穩定，就會被視為「不正常」。調職派出去的情形，也是獨身者受到「優先考慮」的待遇，被派到距離極為遙遠的地方，也是動輒常有的事情，一個人被丟在東京近郊，就像常便飯一樣。

上班族這種工作性質，每次調職就表示逐漸地往上升遷，因此，有時很可能因為獨身的緣故而升遷緩慢一點。

④生了孩子之後仍要操勞

生孩子雖與生涯規劃有關，但一旦晚婚，生孩子的事情也會變得那麼晚，六十歲退休的時候，三個孩子還都在上學的情況，也是很有可能的。如此一來，經濟上的負擔就變得相當沈重。畢竟，每個人都希望到那個時候，孩子們都獨立了，都成家立業了，或者至少已從大學畢業的狀況，總不希望還在為了養兒育女而操勞。

沒有孩子或是抱定獨身主義的人，自然是另當別論，但是所謂的人，就是結婚、生養孩子、死亡的一連串過程。由於結不結婚是個人的意願問題，每個人都可以任憑喜好，隨心所欲地決定要不要結婚。我雖絲毫不想再提及更多，但我認為從普通人的生活模式脫離，不合乎一般常理，絕對不是好事。

◆一旦離婚將會如何？

對上班族而言，離婚比不結婚更不利，絕對會造成事業的負面影響。若說為什麼？則是因為離了婚的人會被上司在背後說各種不滿的話，受到批評，譬如「如果家庭不安定，要讓他擔任很大的工作就困難啦。」或是「會不會因離婚而使生活狂亂呢？」或是「沒有溫暖」。或者「是不是性格上蠻橫粗暴？」上司會充滿疑慮，而沒有人會對離婚者說：「太棒了，了不起！」

原則上雖是不干涉個人私事，但上司內心真正的想法卻正好相反，對家庭圓滿、人格圓滿的人，主管人員畢竟仍是感到較大的安定感，也產生較多的信任感。尤其是一旦與公司同事結婚，結果又離婚，有時上司也會認識此人的前妻，所以會更進而被上司說東說西，指責此人的不是，因此，最好別離婚。

但是在美國被認為每四對夫妻就有一對離婚，比例非常地高，就連在日本，離婚的人也愈來愈多，離婚的女性新聞主播或離婚的女性演員也很多。即使在最保守的社會，有過離婚經驗的人當上幹部要員的例子也不斷地出現，因此，「離婚之後不能升遷」的疑慮，根本不必擔心。

然而，由於離婚之後一直獨身又是另一個問題，因此我認為，早晚有一天再婚成家或許比較好吧，成了家的男性總是予人穩重、負責的印象。

結婚與離婚

作者介紹

佐佐木　正

1963年早稻田大學法學部畢業。

進入大保險公司任職。歷任總務課長、人事部經理、名古屋分公司經理

目前位居總公司人事開發部長的要職。

著作有≪傑出職員鍛鍊術≫，此外尚有多部。

大展出版社有限公司	圖書目錄
地址：台北市北投區11204 致遠一路二段12巷1號 郵撥： 0166955～1	電話：(02) 8236031 8236033 傳眞：(02) 8272069

• 法律專欄連載 • 電腦編號 58

台大法學院 法律學系／策劃 法律服務社／編著

①別讓您的權利睡著了1	200元
②別讓您的權利睡著了2	200元

• 秘傳占卜系列 • 電腦編號 14

①手相術	淺野八郎著	150元
②人相術	淺野八郎著	150元
③西洋占星術	淺野八郎著	150元
④中國神奇占卜	淺野八郎著	150元
⑤夢判斷	淺野八郎著	150元
⑥前世、來世占卜	淺野八郎著	150元
⑦法國式血型學	淺野八郎著	150元
⑧靈感、符咒學	淺野八郎著	150元
⑨紙牌占卜學	淺野八郎著	150元
⑩ＥＳＰ超能力占卜	淺野八郎著	150元
⑪猶太數的秘術	淺野八郎著	150元
⑫新心理測驗	淺野八郎著	160元
⑬塔羅牌預言秘法	淺野八郎著	元

• 趣味心理講座 • 電腦編號 15

①性格測驗1	探索男與女	淺野八郎著	140元
②性格測驗2	透視人心奧秘	淺野八郎著	140元
③性格測驗3	發現陌生的自己	淺野八郎著	140元
④性格測驗4	發現你的真面目	淺野八郎著	140元
⑤性格測驗5	讓你們吃驚	淺野八郎著	140元
⑥性格測驗6	洞穿心理盲點	淺野八郎著	140元
⑦性格測驗7	探索對方心理	淺野八郎著	140元
⑧性格測驗8	由吃認識自己	淺野八郎著	140元

⑨性格測驗９	戀愛知多少	淺野八郎著	160元
⑩性格測驗10	由裝扮瞭解人心	淺野八郎著	140元
⑪性格測驗11	敲開內心玄機	淺野八郎著	140元
⑫性格測驗12	透視你的未來	淺野八郎著	140元
⑬血型與你的一生		淺野八郎著	160元
⑭趣味推理遊戲		淺野八郎著	160元
⑮行爲語言解析		淺野八郎著	160元

•婦 幼 天 地• 電腦編號16

①八萬人減肥成果	黃靜香譯	180元
②三分鐘減肥體操	楊鴻儒譯	150元
③窈窕淑女美髮秘訣	柯素娥譯	130元
④使妳更迷人	成　玉譯	130元
⑤女性的更年期	官舒妍編譯	160元
⑥胎內育兒法	李玉瓊編譯	150元
⑦早產兒袋鼠式護理	唐岱蘭譯	200元
⑧初次懷孕與生產	婦幼天地編譯組	180元
⑨初次育兒12個月	婦幼天地編譯組	180元
⑩斷乳食與幼兒食	婦幼天地編譯組	180元
⑪培養幼兒能力與性向	婦幼天地編譯組	180元
⑫培養幼兒創造力的玩具與遊戲	婦幼天地編譯組	180元
⑬幼兒的症狀與疾病	婦幼天地編譯組	180元
⑭腿部苗條健美法	婦幼天地編譯組	180元
⑮女性腰痛別忽視	婦幼天地編譯組	150元
⑯舒展身心體操術	李玉瓊編譯	130元
⑰三分鐘臉部體操	趙薇妮著	160元
⑱生動的笑容表情術	趙薇妮著	160元
⑲心曠神怡減肥法	川津祐介著	130元
⑳內衣使妳更美麗	陳玄茹譯	130元
㉑瑜伽美姿美容	黃靜香編著	150元
㉒高雅女性裝扮學	陳珮玲譯	180元
㉓蠶糞肌膚美顏法	坂梨秀子著	160元
㉔認識妳的身體	李玉瓊譯	160元
㉕產後恢復苗條體態	居理安•芙萊喬著	200元
㉖正確護髮美容法	山崎伊久江著	180元
㉗安琪拉美姿養生學	安琪拉蘭斯博瑞著	180元
㉘女體性醫學剖析	增田豐著	220元
㉙懷孕與生產剖析	岡部綾子著	180元
㉚斷奶後的健康育兒	東城百合子著	220元
㉛引出孩子幹勁的責罵藝術	多湖輝著	170元

㉜培養孩子獨立的藝術	多湖輝著	170元
㉝子宮肌瘤與卵巢囊腫	陳秀琳編著	180元
㉞下半身減肥法	納他夏・史達賓著	180元
㉟女性自然美容法	吳雅菁編著	180元
㊱再也不發胖	池園悅太郎著	170元
㊲生男生女控制術	中垣勝裕著	220元
㊳使妳的肌膚更亮麗	楊　皓編著	170元
㊴臉部輪廓變美	芝崎義夫著	180元
㊵斑點、皺紋自己治療	高須克彌著	180元
㊶面皰自己治療	伊藤雄康著	180元
㊷隨心所欲瘦身冥想法	原久子著	180元
㊸胎兒革命	鈴木丈織著	元

・青春天地・電腦編號 17

①A血型與星座	柯素娥編譯	120元
②B血型與星座	柯素娥編譯	120元
③O血型與星座	柯素娥編譯	120元
④AB血型與星座	柯素娥編譯	120元
⑤青春期性教室	呂貴嵐編譯	130元
⑥事半功倍讀書法	王毅希編譯	150元
⑦難解數學破題	宋釗宜編譯	130元
⑧速算解題技巧	宋釗宜編譯	130元
⑨小論文寫作秘訣	林顯茂編譯	120元
⑪中學生野外遊戲	熊谷康編著	120元
⑫恐怖極短篇	柯素娥編譯	130元
⑬恐怖夜話	小毛驢編譯	130元
⑭恐怖幽默短篇	小毛驢編譯	120元
⑮黑色幽默短篇	小毛驢編譯	120元
⑯靈異怪談	小毛驢編譯	130元
⑰錯覺遊戲	小毛驢編譯	130元
⑱整人遊戲	小毛驢編著	150元
⑲有趣的超常識	柯素娥編譯	130元
⑳哦！原來如此	林慶旺編譯	130元
㉑趣味競賽100種	劉名揚編譯	120元
㉒數學謎題入門	宋釗宜編譯	150元
㉓數學謎題解析	宋釗宜編譯	150元
㉔透視男女心理	林慶旺編譯	120元
㉕少女情懷的自白	李桂蘭編譯	120元
㉖由兄弟姊妹看命運	李玉瓊編譯	130元
㉗趣味的科學魔術	林慶旺編譯	150元

㉘趣味的心理實驗室	李燕玲編譯	150元
㉙愛與性心理測驗	小毛驢編譯	130元
㉚刑案推理解謎	小毛驢編譯	130元
㉛偵探常識推理	小毛驢編譯	130元
㉜偵探常識解謎	小毛驢編譯	130元
㉝偵探推理遊戲	小毛驢編譯	130元
㉞趣味的超魔術	廖玉山編著	150元
㉟趣味的珍奇發明	柯素娥編著	150元
㊱登山用具與技巧	陳瑞菊編著	150元

•健康天地• 電腦編號 18

①壓力的預防與治療	柯素娥編譯	130元
②超科學氣的魔力	柯素娥編譯	130元
③尿療法治病的神奇	中尾良一著	130元
④鐵證如山的尿療法奇蹟	廖玉山譯	120元
⑤一日斷食健康法	葉慈容編譯	150元
⑥胃部強健法	陳炳崑譯	120元
⑦癌症早期檢查法	廖松濤譯	160元
⑧老人痴呆症防止法	柯素娥編譯	130元
⑨松葉汁健康飲料	陳麗芬編譯	130元
⑩揉肚臍健康法	永井秋夫著	150元
⑪過勞死、猝死的預防	卓秀貞編譯	130元
⑫高血壓治療與飲食	藤山順豐著	150元
⑬老人看護指南	柯素娥編譯	150元
⑭美容外科淺談	楊啟宏著	150元
⑮美容外科新境界	楊啟宏著	150元
⑯鹽是天然的醫生	西英司郎著	140元
⑰年輕十歲不是夢	梁瑞麟譯	200元
⑱茶料理治百病	桑野和民著	180元
⑲綠茶治病寶典	桑野和民著	150元
⑳杜仲茶養顏減肥法	西田博著	150元
㉑蜂膠驚人療效	瀨長良三郎著	150元
㉒蜂膠治百病	瀨長良三郎著	180元
㉓醫藥與生活	鄭炳全著	180元
㉔鈣長生寶典	落合敏著	180元
㉕大蒜長生寶典	木下繁太郎著	160元
㉖居家自我健康檢查	石川恭三著	160元
㉗永恒的健康人生	李秀鈴譯	200元
㉘大豆卵磷脂長生寶典	劉雪卿譯	150元
㉙芳香療法	梁艾琳譯	160元

㉚醋長生寶典	柯素娥譯	180元
㉛從星座透視健康	席拉・吉蒂斯著	180元
㉜愉悅自在保健學	野本二士夫著	160元
㉝裸睡健康法	丸山淳士等著	160元
㉞糖尿病預防與治療	藤田順豐著	180元
㉟維他命長生寶典	菅原明子著	180元
㊱維他命C新效果	鐘文訓編	150元
㊲手、腳病理按摩	堤芳朗著	160元
㊳AIDS瞭解與預防	彼得塔歇爾著	180元
㊴甲殼質殼聚糖健康法	沈永嘉譯	160元
㊵神經痛預防與治療	木下眞男著	160元
㊶室內身體鍛鍊法	陳炳崑編著	160元
㊷吃出健康藥膳	劉大器編著	180元
㊸自我指壓術	蘇燕謀編著	160元
㊹紅蘿蔔汁斷食療法	李玉瓊編著	150元
㊺洗心術健康秘法	竺翠萍編譯	170元
㊻枇杷葉健康療法	柯素娥編譯	180元
㊼抗衰血癒	楊啟宏著	180元
㊽與癌搏鬥記	逸見政孝著	180元
㊾冬蟲夏草長生寶典	高橋義博著	170元
㊿痔瘡・大腸疾病先端療法	宮島伸宜著	180元
51膠布治癒頑固慢性病	加瀨建造著	180元
52芝麻神奇健康法	小林貞作著	170元
53香煙能防止癡呆？	高田明和著	180元
54穀菜食治癌療法	佐藤成志著	180元
55貼藥健康法	松原英多著	180元
56克服癌症調和道呼吸法	帶津良一著	180元
57Ｂ型肝炎預防與治療	野村喜重郎著	180元
58青春永駐養生導引術	早島正雄著	180元
59改變呼吸法創造健康	原久子著	180元
60荷爾蒙平衡養生秘訣	出村博著	180元
61水美肌健康法	井戶勝富著	170元
62認識食物掌握健康	廖梅珠編著	170元
63痛風劇痛消除法	鈴木吉彥著	180元
64酸莖菌驚人療效	上田明彥著	180元
65大豆卵磷脂治現代病	神津健一著	200元
66時辰療法——危險時刻凌晨４時	呂建強等著	180元
67自然治癒力提升法	帶津良一著	180元
68巧妙的氣保健法	藤平墨子著	180元
69治癒Ｃ型肝炎	熊田博光著	180元
70肝臟病預防與治療	劉名揚編著	180元

⑪腰痛平衡療法	荒井政信著	180元
⑫根治多汗症、狐臭	稻葉益巳著	220元
⑬40歲以後的骨質疏鬆症	沈永嘉譯	180元
⑭認識中藥	松下一成著	180元
⑮氣的科學	佐佐木茂美著	180元

•實用女性學講座• 電腦編號 19

①解讀女性內心世界	島田一男著	150元
②塑造成熟的女性	島田一男著	150元
③女性整體裝扮學	黃靜香編著	180元
④女性應對禮儀	黃靜香編著	180元
⑤女性婚前必修	小野十傳著	200元
⑥徹底瞭解女人	田口二州著	180元
⑦拆穿女性謊言88招	島田一男著	200元

•校 園 系 列• 電腦編號 20

①讀書集中術	多湖輝著	150元
②應考的訣竅	多湖輝著	150元
③輕鬆讀書贏得聯考	多湖輝著	150元
④讀書記憶秘訣	多湖輝著	150元
⑤視力恢復！超速讀術	江錦雲譯	180元
⑥讀書36計	黃柏松編著	180元
⑦驚人的速讀術	鐘文訓編著	170元
⑧學生課業輔導良方	多湖輝著	180元
⑨超速讀超記憶法	廖松濤編著	180元
⑩速算解題技巧	宋釗宜編著	200元

•實用心理學講座• 電腦編號 21

①拆穿欺騙伎倆	多湖輝著	140元
②創造好構想	多湖輝著	140元
③面對面心理術	多湖輝著	160元
④偽裝心理術	多湖輝著	140元
⑤透視人性弱點	多湖輝著	140元
⑥自我表現術	多湖輝著	180元
⑦不可思議的人性心理	多湖輝著	150元
⑧催眠術入門	多湖輝著	150元
⑨責罵部屬的藝術	多湖輝著	150元
⑩精神力	多湖輝著	150元

⑪厚黑說服術	多湖輝著	150元
⑫集中力	多湖輝著	150元
⑬構想力	多湖輝著	150元
⑭深層心理術	多湖輝著	160元
⑮深層語言術	多湖輝著	160元
⑯深層說服術	多湖輝著	180元
⑰掌握潛在心理	多湖輝著	160元
⑱洞悉心理陷阱	多湖輝著	180元
⑲解讀金錢心理	多湖輝著	180元
⑳拆穿語言圈套	多湖輝著	180元
㉑語言的內心玄機	多湖輝著	180元

・超現實心理講座・電腦編號 22

①超意識覺醒法	詹蔚芬編譯	130元
②護摩秘法與人生	劉名揚編譯	130元
③秘法！超級仙術入門	陸　明譯	150元
④給地球人的訊息	柯素娥編著	150元
⑤密教的神通力	劉名揚編著	130元
⑥神秘奇妙的世界	平川陽一著	180元
⑦地球文明的超革命	吳秋嬌譯	200元
⑧力量石的秘密	吳秋嬌譯	180元
⑨超能力的靈異世界	馬小莉譯	200元
⑩逃離地球毀滅的命運	吳秋嬌譯	200元
⑪宇宙與地球終結之謎	南山宏著	200元
⑫驚世奇功揭秘	傅起鳳著	200元
⑬啟發身心潛力心象訓練法	栗田昌裕著	180元
⑭仙道術遁甲法	高藤聰一郎著	220元
⑮神通力的秘密	中岡俊哉著	180元
⑯仙人成仙術	高藤聰一郎著	200元
⑰仙道符咒氣功法	高藤聰一郎著	220元
⑱仙道風水術尋龍法	高藤聰一郎著	200元
⑲仙道奇蹟超幻像	高藤聰一郎著	200元
⑳仙道鍊金術房中法	高藤聰一郎著	200元
㉑奇蹟超醫療治癒難病	深野一幸著	220元
㉒揭開月球的神秘力量	超科學研究會	180元
㉓西藏密教奧義	高藤聰一郎著	250元

・養 生 保 健・電腦編號 23

①醫療養生氣功	黃孝寬著	250元

②中國氣功圖譜	余功保著	230元
③少林醫療氣功精粹	井玉蘭著	250元
④龍形實用氣功	吳大才等著	220元
⑤魚戲增視強身氣功	宮　嬰著	220元
⑥嚴新氣功	前新培金著	250元
⑦道家玄牝氣功	張　章著	200元
⑧仙家秘傳袪病功	李遠國著	160元
⑨少林十大健身功	秦慶豐著	180元
⑩中國自控氣功	張明武著	250元
⑪醫療防癌氣功	黃孝寬著	250元
⑫醫療強身氣功	黃孝寬著	250元
⑬醫療點穴氣功	黃孝寬著	250元
⑭中國八卦如意功	趙維漢著	180元
⑮正宗馬禮堂養氣功	馬禮堂著	420元
⑯秘傳道家筋經內丹功	王慶餘著	280元
⑰三元開慧功	辛桂林著	250元
⑱防癌治癌新氣功	郭　林著	180元
⑲禪定與佛家氣功修煉	劉天君著	200元
⑳顛倒之術	梅自強著	360元
㉑簡明氣功辭典	吳家駿編	360元
㉒八卦三合功	張全亮著	230元

• 社會人智囊 • 電腦編號 24

①糾紛談判術	清水增三著	160元
②創造關鍵術	淺野八郎著	150元
③觀人術	淺野八郎著	180元
④應急詭辯術	廖英迪編著	160元
⑤天才家學習術	木原武一著	160元
⑥猫型狗式鑑人術	淺野八郎著	180元
⑦逆轉運掌握術	淺野八郎著	180元
⑧人際圓融術	澀谷昌三著	160元
⑨解讀人心術	淺野八郎著	180元
⑩與上司水乳交融術	秋元隆司著	180元
⑪男女心態定律	小田晉著	180元
⑫幽默說話術	林振輝編著	200元
⑬人能信賴幾分	淺野八郎著	180元
⑭我一定能成功	李玉瓊譯	180元
⑮獻給青年的嘉言	陳蒼杰譯	180元
⑯知人、知面、知其心	林振輝編著	180元
⑰塑造堅強的個性	坂上肇著	180元

⑱爲自己而活	佐藤綾子著	180元
⑲未來十年與愉快生活有約	船井幸雄著	180元
⑳超級銷售話術	杜秀卿譯	180元
㉑感性培育術	黃靜香編著	180元
㉒公司新鮮人的禮儀規範	蔡媛惠譯	180元
㉓傑出職員鍛鍊術	佐佐木正著	180元
㉔面談獲勝戰略	李芳黛譯	180元
㉕金玉良言撼人心	森純大著	180元
㉖男女幽默趣典	劉華亭編著	180元
㉗機智說話術	劉華亭編著	180元
㉘心理諮商室	柯素娥譯	180元
㉙如何在公司頭角崢嶸	佐佐木正著	180元
㉚機智應對術	李玉瓊編著	200元

•精 選 系 列• 電腦編號25

①毛澤東與鄧小平	渡邊利夫等著	280元
②中國大崩裂	江戶介雄著	180元
③台灣•亞洲奇蹟	上村幸治著	220元
④7-ELEVEN高盈收策略	國友隆一著	180元
⑤台灣獨立	森　詠著	200元
⑥迷失中國的末路	江戶雄介著	220元
⑦2000年5月全世界毀滅	紫藤甲子男著	180元
⑧失去鄧小平的中國	小島朋之著	220元

•運 動 遊 戲• 電腦編號26

①雙人運動	李玉瓊譯	160元
②愉快的跳繩運動	廖玉山譯	180元
③運動會項目精選	王佑京譯	150元
④肋木運動	廖玉山譯	150元
⑤測力運動	王佑宗譯	150元

•休 閒 娛 樂• 電腦編號27

①海水魚飼養法	田中智浩著	300元
②金魚飼養法	曾雪玫譯	250元
③熱門海水魚	毛利匡明著	元
④愛犬的教養與訓練	池田好雄著	250元

・銀髮族智慧學・電腦編號 28

①銀髮六十樂逍遙	多湖輝著	170元
②人生六十反年輕	多湖輝著	170元
③六十歲的決斷	多湖輝著	170元

・飲 食 保 健・電腦編號 29

①自己製作健康茶	大海淳著	220元
②好吃、具藥效茶料理	德永睦子著	220元
③改善慢性病健康藥草茶	吳秋嬌譯	200元
④藥酒與健康果菜汁	成玉編著	250元

・家庭醫學保健・電腦編號 30

①女性醫學大全	雨森良彥著	380元
②初爲人父育兒寶典	小瀧周曹著	220元
③性活力強健法	相建華著	200元
④30歲以上的懷孕與生產	李芳黛編著	220元
⑤舒適的女性更年期	野末悅子著	200元
⑥夫妻前戲的技巧	笠井寬司著	200元
⑦病理足穴按摩	金慧明著	220元
⑧爸爸的更年期	河野孝旺著	200元
⑨橡皮帶健康法	山田晶著	200元
⑩33天健美減肥	相建華等著	180元
⑪男性健美入門	孫玉祿編著	180元

・心 靈 雅 集・電腦編號 00

①禪言佛語看人生	松濤弘道著	180元
②禪密教的奧秘	葉逯謙譯	120元
③觀音大法力	田口日勝著	120元
④觀音法力的大功德	田口日勝著	120元
⑤達摩禪106智慧	劉華亭編譯	220元
⑥有趣的佛教研究	葉逯謙編譯	170元
⑦夢的開運法	蕭京凌譯	130元
⑧禪學智慧	柯素娥編譯	130元
⑨女性佛教入門	許俐萍譯	110元
⑩佛像小百科	心靈雅集編譯組	130元
⑪佛教小百科趣談	心靈雅集編譯組	120元

⑫佛教小百科漫談	心靈雅集編譯組	150元
⑬佛教知識小百科	心靈雅集編譯組	150元
⑭佛學名言智慧	松濤弘道著	220元
⑮釋迦名言智慧	松濤弘道著	220元
⑯活人禪	平田精耕著	120元
⑰坐禪入門	柯素娥編譯	150元
⑱現代禪悟	柯素娥編譯	130元
⑲道元禪師語錄	心靈雅集編譯組	130元
⑳佛學經典指南	心靈雅集編譯組	130元
㉑何謂「生」　阿含經	心靈雅集編譯組	150元
㉒一切皆空　般若心經	心靈雅集編譯組	150元
㉓超越迷惘　法句經	心靈雅集編譯組	130元
㉔開拓宇宙觀　華嚴經	心靈雅集編譯組	130元
㉕真實之道　法華經	心靈雅集編譯組	130元
㉖自由自在　涅槃經	心靈雅集編譯組	130元
㉗沈默的教示　維摩經	心靈雅集編譯組	150元
㉘開通心眼　佛語佛戒	心靈雅集編譯組	130元
㉙揭秘寶庫　密教經典	心靈雅集編譯組	180元
㉚坐禪與養生	廖松濤譯	110元
㉛釋尊十戒	柯素娥編譯	120元
㉜佛法與神通	劉欣如編著	120元
㉝悟（正法眼藏的世界）	柯素娥編譯	120元
㉞只管打坐	劉欣如編著	120元
㉟喬答摩・佛陀傳	劉欣如編著	120元
㊱唐玄奘留學記	劉欣如編著	120元
㊲佛教的人生觀	劉欣如編譯	110元
㊳無門關（上卷）	心靈雅集編譯組	150元
㊴無門關（下卷）	心靈雅集編譯組	150元
㊵業的思想	劉欣如編著	130元
㊶佛法難學嗎	劉欣如著	140元
㊷佛法實用嗎	劉欣如著	140元
㊸佛法殊勝嗎	劉欣如著	140元
㊹因果報應法則	李常傳編	140元
㊺佛教醫學的奧秘	劉欣如編著	150元
㊻紅塵絕唱	海　若著	130元
㊼佛教生活風情	洪丕謨、姜玉珍著	220元
㊽行住坐臥有佛法	劉欣如著	160元
㊾起心動念是佛法	劉欣如著	160元
㊿四字禪語	曹洞宗青年會	200元
51妙法蓮華經	劉欣如編著	160元
52根本佛教與大乘佛教	葉作森編	180元

㊿大乘佛經	定方晟著	180元
54須彌山與極樂世界	定方晟著	180元
55阿闍世的悟道	定方晟著	180元
56金剛經的生活智慧	劉欣如著	180元

・經 營 管 理・電腦編號 01

◎創新經營管理六十六大計（精）	蔡弘文編	780元
①如何獲取生意情報	蘇燕謀譯	110元
②經濟常識問答	蘇燕謀譯	130元
④台灣商戰風雲錄	陳中雄著	120元
⑤推銷大王秘錄	原一平著	180元
⑥新創意・賺大錢	王家成譯	90元
⑦工廠管理新手法	琪　輝著	120元
⑨經營參謀	柯順隆譯	120元
⑩美國實業24小時	柯順隆譯	80元
⑪撼動人心的推銷法	原一平著	150元
⑫高竿經營法	蔡弘文編	120元
⑬如何掌握顧客	柯順隆譯	150元
⑭一等一賺錢策略	蔡弘文編	120元
⑯成功經營妙方	鐘文訓著	120元
⑰一流的管理	蔡弘文編	150元
⑱外國人看中韓經濟	劉華亭譯	150元
⑳突破商場人際學	林振輝編著	90元
㉑無中生有術	琪輝編著	140元
㉒如何使女人打開錢包	林振輝編著	100元
㉓操縱上司術	邑井操著	90元
㉔小公司經營策略	王嘉誠著	160元
㉕成功的會議技巧	鐘文訓編譯	100元
㉖新時代老闆學	黃柏松編著	100元
㉗如何創造商場智囊團	林振輝編譯	150元
㉘十分鐘推銷術	林振輝編譯	180元
㉙五分鐘育才	黃柏松編譯	100元
㉚成功商場戰術	陸明編譯	100元
㉛商場談話技巧	劉華亭編譯	120元
㉜企業帝王學	鐘文訓譯	90元
㉝自我經濟學	廖松濤編譯	100元
㉞一流的經營	陶田生編著	120元
㉟女性職員管理術	王昭國編譯	120元
㊱ＩＢＭ的人事管理	鐘文訓編譯	150元
㊲現代電腦常識	王昭國編譯	150元

㊳電腦管理的危機	鐘文訓編譯	120元
㊴如何發揮廣告效果	王昭國編譯	150元
㊵最新管理技巧	王昭國編譯	150元
㊶一流推銷術	廖松濤編譯	150元
㊷包裝與促銷技巧	王昭國編譯	130元
㊸企業王國指揮塔	松下幸之助著	120元
㊹企業精銳兵團	松下幸之助著	120元
㊺企業人事管理	松下幸之助著	100元
㊻華僑經商致富術	廖松濤編譯	130元
㊼豐田式銷售技巧	廖松濤編譯	180元
㊽如何掌握銷售技巧	王昭國編著	130元
㊿洞燭機先的經營	鐘文訓編譯	150元
52新世紀的服務業	鐘文訓編譯	100元
53成功的領導者	廖松濤編譯	120元
54女推銷員成功術	李玉瓊編譯	130元
55ＩＢＭ人才培育術	鐘文訓編譯	100元
56企業人自我突破法	黃琪輝編著	150元
58財富開發術	蔡弘文編著	130元
59成功的店舖設計	鐘文訓編著	150元
61企管回春法	蔡弘文編著	130元
62小企業經營指南	鐘文訓編譯	100元
63商場致勝名言	鐘文訓編譯	150元
64迎接商業新時代	廖松濤編譯	100元
66新手股票投資入門	何朝乾　編	200元
67上揚股與下跌股	何朝乾編譯	180元
68股票速成學	何朝乾編譯	200元
69理財與股票投資策略	黃俊豪編著	180元
70黃金投資策略	黃俊豪編著	180元
71厚黑管理學	廖松濤編譯	180元
72股市致勝格言	呂梅莎編譯	180元
73透視西武集團	林谷燁編譯	150元
76巡迴行銷術	陳蒼杰譯	150元
77推銷的魔術	王嘉誠譯	120元
7860秒指導部屬	周蓮芬編譯	150元
79精銳女推銷員特訓	李玉瓊編譯	130元
80企劃、提案、報告圖表的技巧	鄭　汶　譯	180元
81海外不動產投資	許達守編譯	150元
82八百件的世界策略	李玉瓊譯	150元
83服務業品質管理	吳宜芬譯	180元
84零庫存銷售	黃東謙編譯	150元
85三分鐘推銷管理	劉名揚編譯	150元

㊽推銷大王奮鬥史	原一平著	150元
㊾豐田汽車的生產管理	林谷燁編譯	150元

・成功寶庫・電腦編號02

①上班族交際術	江森滋著	100元
②拍馬屁訣竅	廖玉山編譯	110元
④聽話的藝術	歐陽輝編譯	110元
⑨求職轉業成功術	陳　義編著	110元
⑩上班族禮儀	廖玉山編著	120元
⑪接近心理學	李玉瓊編著	100元
⑫創造自信的新人生	廖松濤編著	120元
⑭上班族如何出人頭地	廖松濤編著	100元
⑮神奇瞬間瞑想法	廖松濤編譯	100元
⑯人生成功之鑰	楊意苓編著	150元
⑲給企業人的諍言	鐘文訓編著	120元
⑳企業家自律訓練法	陳　義編譯	100元
㉑上班族妖怪學	廖松濤編著	100元
㉒猶太人縱橫世界的奇蹟	孟佑政編著	110元
㉓訪問推銷術	黃靜香編著	130元
㉕你是上班族中強者	嚴思圖編著	100元
㉖向失敗挑戰	黃靜香編著	100元
㉚成功頓悟100則	蕭京凌編譯	130元
㉛掌握好運100則	蕭京凌編譯	110元
㉜知性幽默	李玉瓊編譯	130元
㉝熟記對方絕招	黃靜香編譯	100元
㉞男性成功秘訣	陳蒼杰編譯	130元
㊱業務員成功秘方	李玉瓊編著	120元
㊲察言觀色的技巧	劉華亭編著	180元
㊳一流領導力	施義彥編譯	120元
㊴一流說服力	李玉瓊編著	130元
㊵30秒鐘推銷術	廖松濤編譯	150元
㊶猶太成功商法	周蓮芬編譯	120元
㊷尖端時代行銷策略	陳蒼杰編著	100元
㊸顧客管理學	廖松濤編著	100元
㊹如何使對方說Yes	程　羲編著	150元
㊺如何提高工作效率	劉華亭編著	150元
㊼上班族口才學	楊鴻儒譯	120元
㊽上班族新鮮人須知	程　羲編著	120元
㊾如何左右逢源	程　羲編著	130元
㊿語言的心理戰	多湖輝著	130元

⑸扣人心弦演說術	劉名揚編著	120元
⑸如何增進記憶力、集中力	廖松濤譯	130元
⑸性惡企業管理學	陳蒼杰譯	130元
⑸自我啟發200招	楊鴻儒編著	150元
⑸做個傑出女職員	劉名揚編著	130元
⑸靈活的集團營運術	楊鴻儒編著	120元
⑹個案研究活用法	楊鴻儒編著	130元
⑹企業教育訓練遊戲	楊鴻儒編著	120元
⑹管理者的智慧	程　義編譯	130元
⑹做個佼佼管理者	馬筱莉編譯	130元
⑹智慧型說話技巧	沈永嘉編譯	130元
⑹活用佛學於經營	松濤弘道著	150元
⑹活用禪學於企業	柯素娥編譯	130元
⑹詭辯的智慧	沈永嘉編譯	150元
⑹幽默詭辯術	廖玉山編譯	150元
⑺拿破崙智慧箴言	柯素娥編譯	130元
⑺自我培育•超越	蕭京凌編譯	150元
⑺時間即一切	沈永嘉編譯	130元
⑺自我脫胎換骨	柯素娥譯	150元
⑺贏在起跑點—人才培育鐵則	楊鴻儒編譯	150元
⑺做一枚活棋	李玉瓊編譯	130元
⑺面試成功戰略	柯素娥編譯	130元
⑺自我介紹與社交禮儀	柯素娥編譯	150元
⑻說NO的技巧	廖玉山編譯	130元
⑻瞬間攻破心防法	廖玉山編譯	120元
⑻改變一生的名言	李玉瓊編譯	130元
⑻性格性向創前程	楊鴻儒編譯	130元
⑻訪問行銷新竅門	廖玉山編譯	150元
⑻無所不達的推銷話術	李玉瓊編譯	150元

•處 世 智 慧• 電腦編號 03

①如何改變你自己	陸明編譯	120元
⑥靈感成功術	譚繼山編譯	80元
⑧扭轉一生的五分鐘	黃柏松編譯	100元
⑩現代人的詭計	林振輝譯	100元
⑫如何利用你的時間	蘇遠謀譯	80元
⑬口才必勝術	黃柏松編譯	120元
⑭女性的智慧	譚繼山編譯	90元
⑮如何突破孤獨	張文志編譯	80元
⑯人生的體驗	陸明編譯	80元

⑰微笑社交術	張芳明譯	90元
⑱幽默吹牛術	金子登著	90元
⑲攻心說服術	多湖輝著	100元
⑳當機立斷	陸明編譯	70元
㉑勝利者的戰略	宋恩臨編譯	80元
㉒如何交朋友	安紀芳編著	70元
㉓鬥智奇謀（諸葛孔明兵法）	陳炳崑著	70元
㉔慧心良言	亦　奇著	80元
㉕名家慧語	蔡逸鴻主編	90元
㉗稱霸者啟示金言	黃柏松編譯	90元
㉘如何發揮你的潛能	陸明編譯	90元
㉙女人身態語言學	李常傳譯	130元
㉚摸透女人心	張文志譯	90元
㉛現代戀愛秘訣	王家成譯	70元
㉜給女人的悄悄話	妮倩編譯	90元
㉞如何開拓快樂人生	陸明編譯	90元
㉟驚人時間活用法	鐘文訓譯	80元
㊱成功的捷徑	鐘文訓譯	70元
㊲幽默逗笑術	林振輝著	120元
㊳活用血型讀書法	陳炳崑譯	80元
㊴心　燈	葉于模著	100元
㊵當心受騙	林顯茂譯	90元
㊶心・體・命運	蘇燕謀譯	70元
㊷如何使頭腦更敏銳	陸明編譯	70元
㊸宮本武藏五輪書金言錄	宮本武藏著	100元
㊺勇者的智慧	黃柏松編譯	80元
㊼成熟的愛	林振輝譯	120元
㊽現代女性駕馭術	蔡德華著	90元
㊾禁忌遊戲	酒井潔著	90元
㊾摸透男人心	劉華亭編譯	80元
㊾如何達成願望	謝世輝著	90元
㊾創造奇蹟的「想念法」	謝世輝著	90元
㊾創造成功奇蹟	謝世輝著	90元
㊾幻想與成功	廖松濤譯	80元
㊾反派角色的啟示	廖松濤編譯	70元
㊾現代女性須知	劉華亭編著	75元
㊾如何突破內向	姜倩怡編譯	110元
㊾讀心術入門	王家成編譯	100元
㊾如何解除內心壓力	林美羽編著	110元
㊾取信於人的技巧	多湖輝著	110元
㊾如何培養堅強的自我	林美羽編著	90元

⑱自我能力的開拓	卓一凡編著	110元
⑳縱橫交涉術	嚴思圖編著	90元
㉑如何培養妳的魅力	劉文珊編著	90元
㉒魅力的力量	姜倩怡編著	90元
㉕個性膽怯者的成功術	廖松濤編譯	100元
㉖人性的光輝	文可式編著	90元
㉙培養靈敏頭腦秘訣	廖玉山編著	90元
㉚夜晚心理術	鄭秀美編譯	80元
㉛如何做個成熟的女性	李玉瓊編著	80元
㉜現代女性成功術	劉文珊編著	90元
㉝成功說話技巧	梁惠珠編譯	100元
㉞人生的真諦	鐘文訓編譯	100元
㉟妳是人見人愛的女孩	廖松濤編著	120元
㊲指尖・頭腦體操	蕭京凌編譯	90元
㊳電話應對禮儀	蕭京凌編著	120元
㊴自我表現的威力	廖松濤編譯	100元
㊵名人名語啟示錄	喬家楓編著	100元
㊶男與女的哲思	程鐘梅編譯	110元
㊷靈思慧語	牧　風著	110元
㊸心靈夜語	牧　風著	100元
㊹激盪腦力訓練	廖松濤編譯	100元
㊺三分鐘頭腦活性法	廖玉山編譯	110元
㊻星期一的智慧	廖玉山編譯	100元
㊼溝通說服術	賴文琇編譯	100元

・健康與美容・電腦編號 04

③媚酒傳（中國王朝秘酒）	陸明主編	120元
⑤中國回春健康術	蔡一藩著	100元
⑥奇蹟的斷食療法	蘇燕謀譯	130元
⑧健美食物法	陳炳崑譯	120元
⑨驚異的漢方療法	唐龍編著	90元
⑩不老強精食	唐龍編著	100元
⑫五分鐘跳繩健身法	蘇明達譯	100元
⑬睡眠健康法	王家成譯	80元
⑭你就是名醫	張芳明譯	90元
⑮如何保護你的眼睛	蘇燕謀譯	70元
⑲釋迦長壽健康法	譚繼山譯	90元
⑳腳部按摩健康法	譚繼山譯	120元
㉑自律健康法	蘇明達譯	90元
㉓身心保健座右銘	張仁福著	160元

㉔腦中風家庭看護與運動治療	林振輝譯	100元
㉕秘傳醫學人相術	成玉主編	120元
㉖導引術入門(1)治療慢性病	成玉主編	110元
㉗導引術入門(2)健康・美容	成玉主編	110元
㉘導引術入門(3)身心健康法	成玉主編	110元
㉙妙用靈藥・蘆薈	李常傳譯	150元
㉚萬病回春百科	吳通華著	150元
㉛初次懷孕的10個月	成玉編譯	130元
㉜中國秘傳氣功治百病	陳炳崑編譯	130元
㉟仙人長生不老學	陸明編譯	100元
㊱釋迦秘傳米粒刺激法	鐘文訓譯	120元
㊲痔・治療與預防	陸明編譯	130元
㊳自我防身絕技	陳炳崑編譯	120元
㊴運動不足時疲勞消除法	廖松濤譯	110元
㊵三溫暖健康法	鐘文訓編譯	90元
㊸維他命與健康	鐘文訓譯	150元
㊺森林浴—綠的健康法	劉華亭編譯	80元
㊼導引術入門(4)酒浴健康法	成玉主編	90元
㊽導引術入門(5)不老回春法	成玉主編	90元
㊾山白竹（劍竹）健康法	鐘文訓譯	90元
㊿解救你的心臟	鐘文訓編譯	100元
51牙齒保健法	廖玉山譯	90元
52超人氣功法	陸明編譯	110元
54借力的奇蹟(1)	力拔山著	100元
55借力的奇蹟(2)	力拔山著	100元
56五分鐘小睡健康法	呂添發撰	120元
57禿髮、白髮預防與治療	陳炳崑撰	120元
59艾草健康法	張汝明編譯	90元
60一分鐘健康診斷	蕭京凌編譯	90元
61念術入門	黃靜香編譯	90元
62念術健康法	黃靜香編譯	90元
63健身回春法	梁惠珠編譯	100元
64姿勢養生法	黃秀娟編譯	90元
65仙人瞑想法	鐘文訓譯	120元
66人蔘的神效	林慶旺譯	100元
67奇穴治百病	吳通華著	120元
68中國傳統健康法	靳海東著	100元
71酵素健康法	楊　皓編譯	120元
73腰痛預防與治療	五味雅吉著	130元
74如何預防心臟病・腦中風	譚定長等著	100元
75少女的生理秘密	蕭京凌譯	120元

⑯頭部按摩與針灸	楊鴻儒譯	100元
⑰雙極療術入門	林聖道著	100元
⑱氣功自療法	梁景蓮著	120元
⑲大蒜健康法	李玉瓊編譯	100元
㉛健胸美容秘訣	黃靜香譯	120元
㉜鍺奇蹟療效	林宏儒譯	120元
㉝三分鐘健身運動	廖玉山譯	120元
㉞尿療法的奇蹟	廖玉山譯	120元
㉟神奇的聚積療法	廖玉山譯	120元
㊱預防運動傷害伸展體操	楊鴻儒編譯	120元
㊳五日就能改變你	柯素娥譯	110元
㊴三分鐘氣功健康法	陳美華譯	120元
㊶道家氣功術	早島正雄著	130元
㊷氣功減肥術	早島正雄著	120元
㊸超能力氣功法	柯素娥譯	130元
㊹氣的瞑想法	早島正雄著	120元

•家庭／生活• 電腦編號 05

①單身女郎生活經驗談	廖玉山編著	100元
②血型・人際關係	黃靜編著	120元
③血型・妻子	黃靜編著	110元
④血型・丈夫	廖玉山編譯	130元
⑤血型・升學考試	沈永嘉編譯	120元
⑥血型・臉型・愛情	鐘文訓編譯	120元
⑦現代社交須知	廖松濤編譯	100元
⑧簡易家庭按摩	鐘文訓編譯	150元
⑨圖解家庭看護	廖玉山編譯	120元
⑩生男育女隨心所欲	岡正基編著	160元
⑪家庭急救治療法	鐘文訓編著	100元
⑫新孕婦體操	林曉鐘譯	120元
⑬從食物改變個性	廖玉山編譯	100元
⑭藥草的自然療法	東城百合子著	200元
⑮糙米菜食與健康料理	東城百合子著	180元
⑯現代人的婚姻危機	黃　靜編著	90元
⑰親子遊戲　0歲	林慶旺編譯	100元
⑱親子遊戲　1～2歲	林慶旺編譯	110元
⑲親子遊戲　3歲	林慶旺編譯	100元
⑳女性醫學新知	林曉鐘編譯	130元
㉑媽媽與嬰兒	張汝明編譯	180元
㉒生活智慧百科	黃　靜編譯	100元

國家圖書館出版品預行編目資料

如何在公司頭角崢嶸／佐佐木正著；柯素娥譯
——初版——臺北市；大展，民86
203面；　　公分——（社會人智囊；29）
譯自：会社で成功する極意36
ISBN 957-557-716-7（平裝）

1. 人際關係　2. 成功法

177.3　　　　　　　　86005514

如何在公司頭角崢嶸

ISBN 957-557-716-7

原 著 者／佐 佐 木 正
編 譯 者／柯　素　娥
發 行 人／蔡　森　明
出 版 者／大展出版社有限公司
社　　址／台北市北投區（石牌）致遠一路二段12巷1號
電　　話／(02) 8236031・8236033
傳　　眞／(02) 8272069
郵政劃撥／0166955－1
登 記 證／局版臺業字第2171號
承 印 者／國順圖書印刷公司
裝　　訂／嶸興裝訂有限公司
排 版 者／千兵企業有限公司
電　　話／(02) 8812643
初版1刷／1997年（民86年）7月
2　　刷／1997年（民86年）8月

定　　價／180元

大展好書 好書大展

大展好書 好書大展